Zu diesem Buch

Leisetreter, Speichellecker, Liebesdiener – «ein übertrieben schmeichlerischer Mensch», wie der Duden den «Arschkriecher» umschreibt, kann sich der Verachtung seiner Mitwelt sicher sein. Doch Vorsicht! Wer hätte nicht selbst schon geschmeichelt, geheuchelt, gelogen, intrigiert, um eines kleinen oder großen Erfolges willen, der mit «lauteren» Mitteln ungleich schwerer oder gar nicht erzielt worden wäre – sei es in der Liebe, im Familienleben, in der Politik oder im Beruf? Jeder also von Opportunisten umgeben, und jeder selbst ein Heuchler?

Die Antwort lautet «Ja», bezeugt aber keineswegs ein Zerwürfnis der Sitten. Arschkriecherei, so Alphons Silbermann, ist nicht schlicht verwerflich, es kommt stets darauf an, zu welchem Zweck sie betrieben wird; sie ist kein Charakterzug, sondern ein Handlungsmuster, das hier erstmals eine soziologische Zuwendung erfährt.

Wie zeigt sich und wie erkenne ich Kriecherei? Wozu dient sie, und wie verwahre ich mich dagegen? Wie betreibe ich selbst Kriecherei? Die alltagssoziologischen Exkursionen Alphons Silbermanns münden am Ende in eine präzise Tat-, Täter- und Opferbeschreibung.

Der Autor

Alphons Silbermann, geb. 1909; weltweit renommierter Soziologe; wollte eigentlich Dirigent werden, begründete statt dessen die Kunst- und Musiksoziologie; 1933 Emigration nach Australien, Aufbau einer Hamburger-Kette, 1961 Rückkehr nach Köln; Professuren in Lausanne, Köln und Bordeaux. Veröffentlichungen u. a.: «Verwandlungen. Eine Autobiographie» (1989), «Alle Kreter lügen. Die Kunst, mit Vorurteilen zu leben» (1993), «Propheten des Untergangs. Das Geschäft mit den Ängsten» (1995).

Alphons Silbermann

Von der Kunst
der Arschkriecherei

Rowohlt

Veröffentlicht im Rowohlt Taschenbuch Verlag GmbH,
Reinbek bei Hamburg, September 1998
Copyright © 1997
by Rowohlt · Berlin Verlag GmbH, Berlin
Umschlaggestaltung Walter Hellmann
(Foto: Hieronymus Bosch, Antonius-Altar, Lissabon,
Museu Nacional, Hans Hinz-Artothek)
Gesamtherstellung Clausen & Bosse, Leck
Printed in Germany
ISBN 3 499 60559 7

Gelobt seist Du, Ewiger,
unser Gott, König der Welt,
der dem Hahne Erkenntnis gegeben,
zu unterscheiden zwischen
Tag und Nacht.

Aus dem hebräischen Morgengebet

Inhalt

Zur Einstimmung

Knigges «Über den Umgang mit Menschen»

Es war wieder einmal an der Zeit, meinen Bücherstall aufzuräumen und zu ordnen. Über die Jahre hatte sich so viel an wissenschaftlicher und belletristischer Literatur angesammelt, daß, wenn immer ich nach einem bestimmten Buch aus einem meiner verschiedenen Interessengebiete suchte, vielfach ganze Stunden verrannen, Stunden, die einem im hohen Alter Stehenden von Tag zu Tag wertvoller werden. Dabei habe ich als verhältnismäßig ordentlicher Mensch die Wände füllenden Regale in meiner Wohnung, so gut es eben ging, nach Sachgebieten eingeteilt. Im Arbeitszimmer sind drei Wände mit Soziologie und Judaika angefüllt, im Wohnzimmer eine meterlange Wand mit Kunst- und Kulturliteratur, eine halbe Wand mit Gesamtausgaben von Klassikern und des Aufhebens werten Romanciers, und im von der Diele zum Wohnzimmer führenden Gang auf beiden Seiten Musikliteratur, am Ende Biographien und gefundene oder mir geschenkte bibliophile Ausgaben von unterschiedlicher Erheblichkeit.

Die eigenschaftliche Aufräumungs-, Such- und Findeaktion hat, wie ich schon bei früheren Gelegenheiten feststellen mußte, den verhängnisvollen Nachteil, sich ins Schmökern zu verlieren. Darunter verstehe ich das Wiedersehen mit einem längst vergessenen Besitz und den Drang, mal wieder einen Blick in die Seiten zu werfen. Unter dem ungeordneten Stapel von mir zugesandten oder geschenkten Büchern fand sich auch die erste Ausgabe der Rede des von mir mehr als genialem Schriftsteller denn als Mensch hochgeschätzten Thomas Mann über «Deutschland und

13

die Deutschen», die er anläßlich seines siebzigsten Geburtstages in Washington gehalten hatte. Diese Kostbarkeit mit ihrem bei Thomas Mann immer wiederkehrenden, an gemäßigter Überheblichkeit grenzenden Refrain «Wo ich bin, ist Deutschland» gehörte nach der von mir selbst festgelegten Rangordnung in das meist wenig beachtete Regal «Bibliophiles» am Ende des Korridors. Gesagt, getan, streichelte ich, der ich mich keineswegs Sammler nennen kann, im Geiste mit Hochgenuß die Reihe der Findlinge, die über die Jahrzehnte bei mir Unterkunft gefunden hatten. Einer der bebauchtesten unter ihnen und daher unübersehbar war die 1788 erschienene erste Ausgabe von «Über den Umgang mit Menschen» des Adolph von Knigge.

Hier machte mein Erinnerungsvermögen einen Sprung zurück in meine Jugendzeit. Wie oft, wenn ich mit vollem Mund redete, in der Nase bohrte, freche Antworten gab oder sonstwie ungezogen war, wurde mir von den Eltern der Name «Knigge» als gutes Benehmensvorbild ebenso wie der Name «Adam von Riese» als Genauigkeitsvorbild vorgehalten. Sie sagten mir gar nichts, und ich möchte meinen, auch aus Vaters und Mutters Mund sprachen hier nur gängige Redensarten aus Wilhelminischen Zeiten. Doch jetzt, gerade jetzt, wo doch so viel über das schlechte Benehmen unserer Jugend geklagt wird, muß ich mir diesen «Knigge» mal zu Gemüte führen.

Doch siehe da, als ich mich in die Lektüre des für unser heutiges Stilempfinden reichlich geschwollen geschriebenen Buches vertiefte, fand ich kaum ein Wort über «Benehmen», so wie uns dieser recht zeitlose Begriff heutzutage entgegenkommt. Also keine Anstandsliteratur, keine Anleitung zur hohen Schule des guten Benehmens über Tisch-

manieren, Höflichkeit, Umgangsformen, Erscheinungsbild, Enthaltung von Flüchen und Schimpfkanonaden und
dergleichen mehr. Zweifelsohne hatten meine Eltern und
die vielen anderen, die «den Knigge» wie einen gebiete-
rischen Schlagstock herbeizitierten, das Buch nie gelesen.
Wahrscheinlich hatten sie keine Ahnung, wer dieser
Knigge war und was er mit seinem umfangreichen Traktat
«Über den Umgang mit Menschen» bewirken wollte. Hier
muß, knapp gehalten, eine Wissenslakune geschlossen
werden, zumal sich der gute Knigge immer noch als zitier-
würdiges «Benimmbuch» im erzieherischen Umfeld her-
umtreibt.

Adolf Franz Friedrich Ludwig Freyherr von Knigge
wurde am 16. Oktober 1752 in Bredenbeck bei Hannover
geboren und verstarb im Alter von 43 Jahren am 6. Mai
1796 in Bremen. Er war von vornehmer Herkunft, wohler-
zogen und recht gebildet, jedoch arm. Seinen Lebensunter-
halt bestritt er durch die Verdingung an fürstliche Häuser
in mittelprächtiger Position, als Kammerherr, und, höchst
mager honoriert, durch Schriftstellerei auf allen möglichen, uns wenig interessierenden Gebieten. Die Unbe-
ständigkeit seiner Berufsausübung (wie wir es heute
nennen würden) wird dadurch deutlich, daß wir den Frey-
herrn für eine Zeit mal in Frankfurt, mal in Heidelberg,
mal in Hannover und bis zu seinem Tode in Bremen treffen.

Seine wenigen, sich auf seine vierbändige, in den Jahren
1781 und folgende erschienene Autobiographie «Roman
meines Lebens» stützenden Biographen und einige Dis-
sertationsverfasser sprechen von ihm als einem «deutschen Edelmann» und «Edelmann als Bürger», einem
«Hofmann», einem «Höfling» und abwertender einer

15

«Hofschranze». Auf seinem Grab steht die Inschrift: «Er war Bürgerfreund, Aufklärer, Völkerlehrer», Eigenschaften, die seine Verbundenheit mit dem Ideengebäude der Französischen Revolution von 1789 bezeugen. Es ist bekannt, daß Knigge sehr unter den an den Höfen gängigen Ränken und Kabalen, unter Neid und Mißgunst sowie unter dem Kampf um seine Güter gelitten hat, als er im Alter von 36 Jahren in Hannover begann, den «Umgang» niederzuschreiben.

Gleich, ob Knigges von Edelmut und Tugendhaftigkeit nur so strotzende Schrift uns als Erziehungsbuch, als lebenspädagogisches oder als menschenbildendes Buch vorgestellt wird, im ganzen gesehen – wozu man es von Anfang bis Ende zu lesen hat – spricht hier ein von bitteren Erfahrungen geprägter Idealist. Er versucht, den Menschen in seinem Denken und Tun zu verbessern und dadurch das Leben auf dieser Erde ertragbarer zu gestalten. Auf der Suche nach Glück, Glückseligkeit und Erfolg glaubt Knigge als Kind seiner aufklärerischen Zeit an eine beinahe unbegrenzte Bildsamkeit des Menschen. Sie wird uns unbeirrt in den höchsten Tönen vorgehalten und reicht von prosaischen Forderungen wie «Bewahre deine Schlüssel und alles so, daß du jedes einzelne Stück auch im Dunkeln finden könntest», über Aufforderungen zur Eigenständigkeit wie «Sei, was du bist, immer und ganz», bis hin zu Maximen, die, so kommt es mir vor, kantische Dimensionen andeuten: «Sei ebenso streng gegen dich, als du gegen andere bist.» Diese und ähnliche auf eine Lebensphilosophie als Grundzug jeder geistigen Haltung hinweisenden Sentenzen durchziehen das ganze Buch. Jedoch wenn es zu einer *praktischen*, sich an Tugenden und Untugenden, an Moral und Unmoral, an Zweck und Nützlichkeit haltenden Lebensphilosophie kommt, wenn der Freyherr, seine eigenen Lebensumstände reflektierend, den Degen des Anstands und der Sittenverfeinerung zückt, kommen uns ganz andere Töne entgegen.

So heißt es schon in der Einleitung zum ersten Teil (zitiert nach der Neuausgabe von 1964): «Was die Franzosen den esprit de conduite nennen, das fehlt jenen, die Kunst des Umgangs mit Menschen – eine Kunst, die oft der schwache Kopf, ohne darauf zu studieren, viel besser erlauert als der verständige, weise, witzreiche; die Kunst, sich bemerkbar, geltend, geachtet zu machen, ohne beneidet zu werden; sich nach den Temperamenten, Einsichten und Neigungen der Menschen zu richten, ohne falsch zu sein; sich ungezwungen in den Ton jeder Gesellschaft stimmen zu können, ohne weder Eigentümlichkeit des Charakters zu verlieren, noch sich zu niedriger Schmeichelei herabzulassen.» Ja, ja – nur keine Schmeichelei, keine Unterwürfigkeit, predigt uns Knigge, kommt uns aber schon im nächsten Satz mit der Aufforderung zum Erwerb von «Geschmeidigkeit, Geselligkeit, Nachgiebigkeit, Duldung, zu rechter Zeit Verleugnung, Gewalt über heftige Leidenschaften, Wachsamkeit auf sich selber und Heiterkeit des immer gleich gestimmten Gemüts» entgegen.

Was für eine Lebenshaltung steckt hinter dieser zwiespältigen Ehrsamkeit, die aus dem Munde eines Menschen kommt, dem Humanität und Toleranz als Ideale vorschweben und der von uns um der charakterlichen Vervollkommnung und der Glückseligkeit willen Abhärtung, Aufklärung, gesunden Menschenverstand, Edelmut, Gönnerschaft, Berufstüchtigkeit, nützliche Kenntnisse und Fertigkeiten, Lebensklugheit und Rechtschaffenheit verlangt? Was soll dieses Pendeln zwischen Vernunft, Wirklichkeit und Irrationalität, diesem Brocken aus den Zeiten der «Aufklärung» und des «Sturm und Drang»? Hat dem Knigge bei der Niederschrift des «Umgang» womöglich ein selbstbekennerisches Bedürfnis die Feder geführt? Zweifel kommen auf, die schon Schleiermacher in seinem Essay «Über die gute Lebensart» (1798) vom «Umgang» sagen lassen, dieses Buch sei lediglich eine Art «Bädecker des guten Tons», etwas Formelles und nichts Materielles. Gewiß war es dem so edel daherkommenden Knigge nicht darum getan, uns an der Nase herumzuführen. Ganz im Gegenteil. Worüber er auch spricht, seine Ausführungen stehen unter dem Zeichen der moralischen Verfeinerung. Jedoch angesichts seines Ringens zwischen Vernunft und Leidenschaft gelingt es ihm nicht, der Verderbnis aus dem Wege zu gehen.

Nennen wir diese Verderbnis Unterwürfigkeit, Untertänigkeit oder Opportunismus, Liebedienerei, Schmeichelei, Lobhudelei, Demütigung, Servilität oder gar Niederträchtigkeit – letztendlich, sagen wir es laut und deutlich, handelt es sich um das Verhaltensmuster der *Kriecherei* in all ihren Facetten.

Es liegt mir fern, Herrn Knigge zu nahe zu treten oder denjenigen, die nun schon seit Jahrhunderten mit dem «Umgang» als einem glitzernden und aufrichtenden Thesenbuch durch die pädagogische Gegend ziehen. Auch liegt es mir fern, diejenigen zurechtzuweisen, die Knigge sozialpsychologische Meriten zuerkennen, indem sie bei ihm allenthalben sein Eindringen in das Wesen der Gesellschaft und das Streben zur Erkenntnis von äußeren Formen in Verbindung mit äußerer und innerer Harmonie sehen wollen. Aufzuzeigen ist nur, daß sich nirgends in der Literatur über die Verhältnisse im sozialen Leben ein so geschmeidiges Buch findet, das uns mit solch gediegener Unauffälligkeit Notwendigkeit, Nützlichkeit und Wirken der Kriecherei mitsamt der Tiefe ihrer Verwurzelung darlegt. Ohne Übertreibung gesagt: Knigges Buch «Über den Umgang mit Menschen» ist geradezu ein Kompendium zur Willfährigkeit, eine Anleitung zur Kriecherei.

Begrifflichkeit

Beliebt dem Herrn, den hintern
Teil zu küssen

George Bickham:
Idol-Worship or The Way
to Preferment (1740)

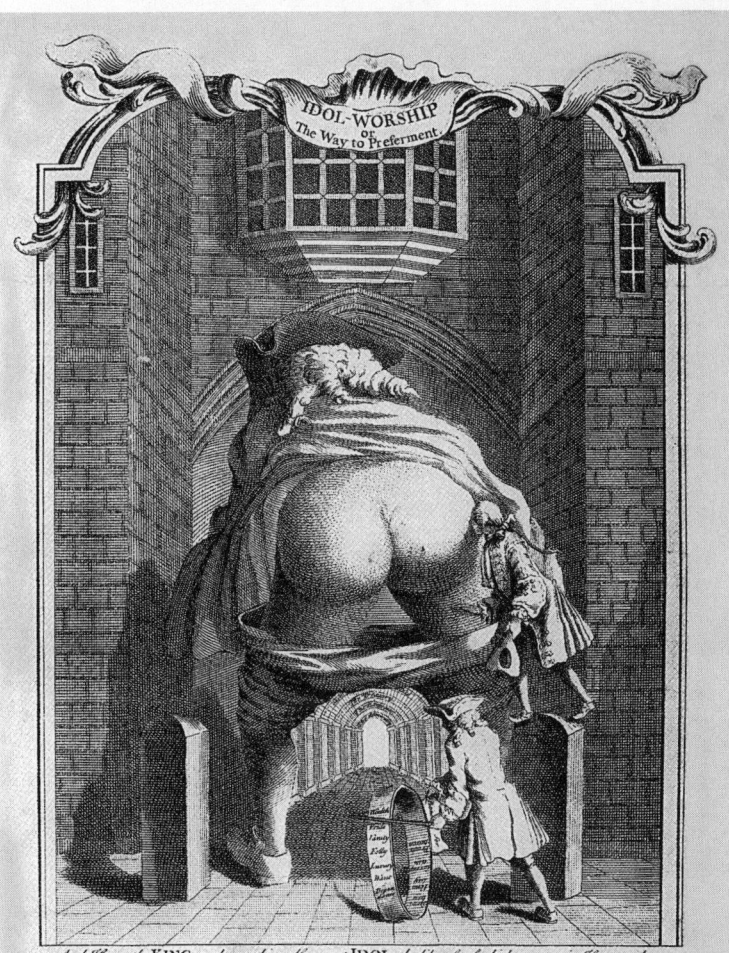

IDOL-WORSHIP
or
The Way to Preferment.

And Henry the **KING** made unto himself a great **IDOL**, the likeness of which was not in Heaven above, nor in the Earth beneath, and he reared up his Head unto ye Clouds, & extended his Arm over all ye Land: His Legs also were as ye Posts of a Gate, or as an Arch stretched forth over ye Doors of all ye Publick Offices in ye Land, & whosoever went out, or whosoever came in, passed beneath, & with Idolatrous Reverence lift up their Eyes, & kissed ye Cheeks of ye Postern.

Chronicle of the Kings, page 31.

Ich mache kein Geheimnis daraus, daß mich die Lektüre des Knigge und das Durchdringen des Bewußtheitsschleiers über die richtige oder die falsche Behandlung von Menschen gleichen oder ungleichen Standes zum Schreiben dieses Buches angeregt haben. Befasse ich mich doch schon seit Jahren in Schrift und Wort mit den Eigenarten des alltäglichen Verhaltens der Menschen im Zusammenhang mit dessen Auswirkungen auf gesamtgesellschaftliches Tun und Lassen. «Alltagssoziologie» wird dergleichen genannt – eine Bezeichnung, die viele meiner illustren Kollegen die Nase rümpfen läßt. Doch was schert es mich. In meinem bewegten Leben haben mir die Erfahrungen des Alltags gezeigt, daß ein jeder von uns von Kriechern umgeben ist und wir selbst, wenn vonnöten, der Kriecherei unseren Obolus entrichten. Nicht Unredlichkeit steht auf dem Spiel, sondern Besonnenheit. Und soweit der Soziologe seine Aufgabe darin sieht, seine Analyse auf das Wohl der Gesellschaft auszurichten, verlangt dies mit Bezug auf die Alltäglichkeit der Kriecherei nach einer Fragestellung, die sich aufklärend und gleichwohl nicht moralisierend nach vier Richtungen hin bewegt. Erstens: Wie zeigt sich und wie erkenne ich Kriecherei? Zweitens: Wie verwehre ich mich gegen Kriecherei? Drittens: Wie betreibe ich selbst Kriecherei? Viertens: Wozu dient Kriecherei?

Bei der Behandlung dieser thematischen Gestaltung werde ich mich meiner Denkweise entsprechend an das darin vorhandene Soziologische halten, das heißt, mich weder in das Sittengeschichtliche verlieren noch in die verfänglichen Tiefen psychologischer Überlegungen. Dieses Ziel entfacht zuvörderst ein Streben nach der Begrifflichkeit von Kriecherei. Bedarf es doch keiner scharfsinnigen sprachlichen Eindringlichkeit, um gewahr zu werden, daß mit «Kriecherei» eine Mannigfaltigkeit von Sinngehalten angesprochen wird, je nachdem, wie und worauf sich das Verhalten und die Aktion eines Menschen richtet, sozusagen in welchem Segment der kriecherischen Besinnlichkeit er sich bewegt: in dem der Unaufrichtigkeit, der Niedertracht, der Unterwürfigkeit oder der Willfährigkeit, in dem der Verlockung, der Lästerung oder der Artigkeiten, oder ob dem Kriecher vorzuhalten ist, ein Leisetreter, ein Speichellecker, ein Ohrenbläser oder ein Liebediener zu sein.

Hier kommt eine Unmenge auf uns zu, wobei ich mir sicher bin, daß noch so manche sinndeutende Zutat zu den Umständen der Kriecherei von mir übergangen wurde. Um der Verständlichkeit willen muß ein Filter angefertigt werden, durch den diese geradezu verwirrende Mannigfaltigkeit gezwängt werden kann. Ein Wort muß genügen, auf daß man nicht mißverstanden werde. Denn Sprache ist kein Organismus, der seinen eigenen Gesetzen gehorcht, sondern die Form des Ausdrucks und der Redensart von gesellschaftlich miteinander verbundenen Individuen. So beschloß ich, mich von der gezierten Vornehmheit eines Knigge zurückzuziehen, um mich der mehr als eine Form der Kriecherei umfassenden Deftigkeit der *Arschkriecherei* zuzuwenden. Oje, wird man sagen, ein solch vulgäres Wort aus dem Munde eines gebildeten Menschen! Aber Sprachgebrauch ist doch schließlich die höchste Instanz der Sprachrichtigkeit sowie der unverhohlenen Wahrheit, für die ich stets eingestanden bin.

Hinzu kommt, daß dieses ungehobelte Wort zugleich Symbolik und Gestik in sich birgt. Es ist mehr als das, was unser allwissender Duden über den Arschkriecher definitorisch als einem «übertrieben schmeichlerischen Menschen» zu sagen hat oder das Deutsche Wörterbuch, in dem hinter dem Wort Arschkriecher kurz steht: «Kriecher, übler Schmeichler». Bei einer soziologischen Überlegung gilt es, eine soziale Tatsache in den Mittelpunkt zu stellen, um der Wirklichkeit ins Auge zu blicken, auch wenn sie in ihrer Erscheinungsform «nur» alltäglich ist. Unterscheidungen sind auf einen zentralen inhaltlichen und ausdrucksmäßigen Punkt zu bringen, einen Punkt, der, wenn möglich, durchaus symbolkräftig ist. Der Hintern, das Gesäß, der Popo, wie gepflegtere Anspielungen auf diesen Körperteil lauten, und so auch der Arsch (Goethes Götz von Berlichingen sei Dank), ist zu einem anschaulichen materiellen Zeichen geworden, um Gedanken oder Gefühle zum Ausdruck zu bringen, die notgedrungen abstrakt sind. Ob es der Tritt in den Arsch oder das erotisierende Arschgewackel von Mannequins ist, das von einem unersättlichen Wunsch zu unterscheiden gequälte Bewußtsein setzt das Symbol an die Stelle der Wirklichkeit; man nimmt die Wirklichkeit über das Symbol wahr.

Was die Gestik angeht, die Gesamtheit der Ausdrucksbewegung des Körpers, oder die einzelne Geste, die Bewegung des Armes, der Hand, der Lippen oder des Kopfes, sind sie zu gleicher Zeit Attitüde, Zeichen, Symbol und eine durch den Geist belegte Aktion. Zum Beispiel kann der Kniefall je nach Gelegenheit ein Zeichen der Ehrfurcht und der Verehrung oder der Untertänigkeit und der Demütigung sein, überdies aber auch der Täuschung und der Verstellung. Kommt es zur Arschkriecherei, zum «You can kiss my arse», wie es der Engländer unumwunden zum Ausdruck bringt, vereinigen sich Symbolik und Gestik zu einem Gesamt, bei dem das eine das andere überdeckt.

Um bei der Ermittlung einer für viele Menschen widerwärtigen Angelegenheit nicht in Verlegenheit zu geraten, suchte ich nach Rückhalt in Werken allgemein hochgeachteter Literatur. Vor mir sah ich Aufführungen von Goethes «Faust», in denen Mephistopheles sowohl in der Walpurgisszene im ersten Teil als auch im zweiten Teil stets mit einem nackten Hintern auftritt, hinter dem sein Gefolge herläuft. Ich griff zu meiner Goethe-Ausgabe, doch zu meinem Erstaunen fand ich dort weder eine diesbezügliche Anweisung noch im Text einen sinngebenden Aufschluß. Haben bei unserem gewichtigen Klassiker etwa zimperliche Herausgeber oder Bearbeiter Streichungen vorgenommen?

Es war wie eine Schickung, daß mir die von dem Germanisten Albrecht Schöne herausgegebene, von Entstellungen befreite Textausgabe von Goethes «Faust» in die Quere kam. Mit bewundernswerter Akribie wird hier nicht nur ein authentischer Text vorgelegt, sondern werden auch, auf Goethes Entwürfe zurückgehend, mannige Textstellen angeführt, die offensichtlich der um ein markiges Wort nie verlegene Goethe selbst in der Endfassung des gewaltigen Werkes hat fallenlassen. Die Stelle, die auf den bei Aufführungen gebräuchlich gewordenen nackten Hintern des Mephistopheles in Symbolik und Gestik hinweist – und so auch auf die Deutung von Arschkriecherei –, liest sich in der von Albrecht Schöne hergestellten Bühnenfassung der Walpurgisnacht – nur die uns interessierenden Verse anführend – wie folgt:

(KNIENDER)

... und kann ich, wie ich bat,

Mich unumschränkt in diesem Reiche schauen,

So küß ich, bin ich gleich von Haus aus Demokrat,

Dir doch, Tyrann, voll Dankbarkeit die Klauen.

(Mephisto als) ZEREMONIENMEISTER

Die Klauen! Das ist für einmal!

Du wirst dich weiter noch entschließen müssen.

(KNIENDER)

Was fordert denn das Ritual?

ZEREMONIENMEISTER

Beliebt dem Herrn, den hintern Teil zu küssen!

(KNIENDER)

Darüber bin ich unverworrn,

Ich küsse hinten oder vorn.

(Satan wendet sich)

Scheint oben deine Nase doch

Durch alle Welten vorzudringen,

So seh ich unten hier ein Loch,

Das Universum zu verschlingen.

Was duftet(s) aus dem kolossalen Mund!

So wohl kanns nicht im Paradiese riechen,

Und dieser wohlgebaute Schlund

Erregt den Wunsch hineinzukriechen.

(Atemlose Stille. Dann frenetischer Aufschrei der Menge)

Was soll ich mehr?

SATAN *(richtet sich auf, wendet sich um)*

Vasall, du bist erprobt!

Hierdurch beleih ich dich mit Millionen Seelen.

Und wer des Teufels Arsch so gut wie du gelobt,

Dem soll es nie an Schmeichelphrasen fehlen.

Tugend und Untugend

Menschliches, Allzumenschliches

In welcher Weise und in welchem Zusammenhang sich die Arschkriecherei auch bemerkbar macht, ob privat oder öffentlich, sie wird landläufig stets im Lichte des Unmoralischen, als Untugend, gesehen. Selbst wenn sie zur Verdeckung von Unzulänglichkeiten eingesetzt wird oder um Übereinkunft, Einfügung, Anpassung zu erreichen, oder als der Versuch zu verstehen ist, sich vom Gefühl der Minderwertigkeit zu befreien und ein Gefühl der Überlegenheit zu erlangen – immer wird ihr ein Fehlen von Werten, ja von Tugenden zugemessen. Aber ist dem wirklich so und der Satz «Aus der Not eine Tugend machen» nur ein vergebliches Bemühen um Erbarmen und Rechtfertigung?

Hier kommen mir als einem dem Verhalten des Menschen in der Gesellschaft nachgehenden Soziologen Zweifel auf. Weder darf ich mich mit meiner Wißbegierde in die Ecke des Lobhudlers noch in die des Verunglimpfers drängen lassen. Wie ist es denn eigentlich um die Tugend bestellt, wird darüber heutzutage noch nachgedacht, und wenn ja, was wird denn als Tugend bzw. als Untugend angesehen? Wenn überhaupt, werden Pflichtgefühl, Respekt, Gehorsam oder Treue angesprochen; es werden in Anlehnung an Platon Klugheit, Mäßigkeit, Tapferkeit und Gerechtigkeit angeführt; es werden Fröhlichkeit dem Trübsinn gegenübergestellt, Bewunderung der Geringschätzung – und das Ganze wird ethisch und moralisch entweder unter die Obhut einer standhaften Veranlagung, nur das Gute zu tun, gestellt oder aber als erworbener Besitz sittlich wertvoller Eigenschaften beschrieben.

Ohne so weit zu gehen, die Arschkriecherei zu einer Tugend zu erheben, ist zu fragen, ob es tatsächlich genügt, Tugenden gleich welcher Art einfach in das Reich des Guten-Tuns zu versetzen. Schließlich beruht die Tugend dem Wesen nach auf zwei Umständen, nämlich der Gepflogenheit des Guten und der Kraft der Seele, denkbarer gesagt, des Charakters. Folglich, so meine ich, genügt keineswegs irgendeine von Zeit zu Zeit bewerkstelligte redliche Handlung, um Tugend auszumachen. Selbst ein Akt erhabener Ergebenheit, falls diese Handlung nicht nur Folgeerscheinung vorhergehender Gewohnheiten ist, beruht auf instinktmäßiger Eingebung, auf vorübergehender Erregung. Überdies wird das Tugendhafte im wesentlichen nicht allein durch eine angeborene Zuneigung zum Guten herbeigeführt, sondern es bedarf auch einer Bemühung, um es anzubringen bzw. auszuüben. So glücklich sich auch Menschen schätzen können, die tugendhafte Qualitäten besitzen, jedoch, da sie auch von Gemütsart und Beschaffenheit herrühren und nicht nur von Willenskraft, sind weder Schwächen noch bedenkliche Fehler auszuschließen. Wie oft werden wir durch Umstände und Gelegenheiten zu Arschkriecherei angetrieben, nur weil es uns an Kraft und Mut fehlt, ihr zu widerstehen.

Die Tugend wie die Untugend setzen sich ein Ziel und bestimmen sich nach den ihnen zugrundeliegenden Motiven, das heißt, sie geraten in Wallung durch Mittel, die außerhalb des zu erfüllenden Guten oder Unguten liegen. Ohne in moralphilosophische Klugheiten einzudringen, bedürfen alltägliche Tugenden und Untugenden zweier Behelfsmittel: der hoffnungsvollen Erwartung von Belohnung, Dank oder Glück sowie der Furcht vor Kummer oder Strafe. Während Belohnung Befriedigung erbringt, ruft Strafe Gewissensbisse hervor, gar nicht von noch anderen Empfindungen zu sprechen, die das eine oder das andere begleiten. Gewiß, Tugend und Untugend sind nicht für alle Menschen das gleiche. Sie sind nach Alter, Geschlecht, Beruf, Erziehung und anderen Merkmalen verschiedenartig gestaltet, so daß wir uns darüber zu verständigen haben, daß gewisse Tugenden gewissen Menschen zuzugestehen sind, nicht aber anderen – ja, gar zu einem Laster werden können. Ist nicht tugendhafte Güte sehr oft ein Zeichen von Schwäche?

Liebend gerne würde ich das von mir als Arschkriecherei markierte Verhalten in seiner Alltäglichkeit aus dem Blickfeld von Tugend und Untugend angehen. Ich könnte leidenschaftlich die Fackel des Tugendwalters schwingen, um mich dann auf einem psychologischen, von Abwehrmechanismen wie Regression, Identifikation, Kompensation oder Sublimierung angefüllten Abstellgleise wiederzufinden. Das aber hieße, mein Anliegen von vornherein negativ zu belasten, anstatt mich einer heiklen und darum nicht minder menschlichen Erscheinung unbefangen und faktisch zu nähern. Als Soziologe, der sich mit Gesellschaft, Kultur und menschlichem Selbstverständnis befaßt, weiß ich, daß Werte als Tatsachen anzusehen sind, Tatsachen als Werte. Da es mir nicht liegt, eine aus allgemeinem Gerede, billigen Selbstverständlichkeiten und spekulativen Torheiten bestehende Pseudo-Soziologie zu betreiben, bleibt es unumgänglich, das menschliche, allzumenschliche Phänomen «Arschkriecherei» innerhalb und mit Hilfe erwiesener soziologischer Nomenklaturen zu umschreiben und zu erfassen.

Will man weder das Begriffszeichen Arschkriecherei noch dessen Vorstellungsinhalt stumpf und unbesonnen wie eine Banalität, eine Obszönität oder ein Schimpfwort vor sich hertragen und damit abtun, dann gilt es, die Arschkriecherei mit oder ohne Tadel als eine *Lebensäußerung* aus der dinglichen Umwelt zu entfernen. Ein sachlicher Einbau in gesellschaftliche Verhältnisse hat stattzufinden, bei denen der einzelne bei seinem Tun und Lassen, Fühlen und Denken mit seinesgleichen rechnet. Zwischenpersönliches Verhältnis gehört zur Wesensstruktur des Menschen, spreche man hierbei von seiner geselligen oder gesellschaftlichen Natur. Weiß doch der einzelne, daß die meisten seiner Handlungen, darunter die Kriecherei mitsamt ihren verborgenen Gründen, andere berühren, und daß diese anderen mit Handlungen antworten werden, die in sein Dasein eingreifen. Die Soziologie hat hierfür einen zentralen Grundbegriff entwickelt, und zwar den der «Interaktion», der Wechselbeziehung zwischen Handlungen. Ohne hier auf die Finessen des Interaktionismus einzugehen, kann die uns beschäftigende Manifestation sehr wohl als eine Interaktion angesehen werden. Entweder führt sie zu Zusammenhalt, Einmütigkeit, Solidarität oder zu Widerstreben, Gegensatz, Feindschaft, Antagonismus, oder zu einer Mischung beider Auswirkungen.

Sehen wir uns auf diese Weise Arschkriecherei an, will sagen, als im Rahmen einer Interaktion liegend, kommen wir ohne bedingte Umwege zu einem Einblick in das *Verhalten* des Menschen, seine Art und Weise zu handeln, geschehe dies latent oder manifest, offen oder verdeckt. Und da dieses Handeln stets eine andere Person verwickelt, ist bei Kriecherei von einer sozialen Handlung zu sprechen. Da sich derlei soziale Handlungen in allen Schichten der Gesellschaft finden und sich immerwährend wiederholen, werden sie zu Bräuchen, so wie oft genug wiederholte individuelle Akte zu Gewohnheiten werden. Bräuche sind soziale Gewohnheiten und werden durch Wiederholung zur Grundlage sozialen Verhaltens.

Bei der soziologischen Einkreisung unserer Thematik ist noch zu verdeutlichen, daß es für «Bräuche» mehr als einen Namen gibt, je nachdem, ob eine Charakterzeichnung hervorgehoben werden soll oder die Situation, in der einem Brauch Folge geleistet wird. Führen wir hiervon einige an. «Konvention» unterstreicht die gemeinsame Übereinstimmung bezüglich eines Brauches; «Traditionen» sind Bräuche langjährigen Bestehens; «Rituale» sind Bräuche mit symbolischer Bedeutung; «Zeremonien» sind Bräuche, die bedeutende Ereignisse vermerken; die Bezeichnungen «Etikette» und «Umgangsform» werden für gewisse Bräuche in der «besseren Gesellschaft» und beim Protokoll benutzt; und schließlich «Manieren», worum sich der gute Knigge so sehr bemühte, sind Bräuche, von denen unterstellt wird, daß sie auf der Rücksichtnahme gegenüber anderen Menschen in Angelegenheiten des sozialen Lebens gründen.

Allesamt sind diese Kennzeichnungen auf Erwartungen ausgerichtet, die einen standfesten Zusammenhang zwischen Wohlverhalten und Wohlergehen herrichten. Erst wenn es sich – wie bei der Arschkriecherei – herausstellen sollte, daß diese Erwartungen verletzt oder gar geschändet werden, handelt es sich um ein abweichendes Verhalten. Dann erst bezahlt sich der einzelne mit dem Falschgeld seiner Träume.

Es liegt mir fern, die vorliegende Thematik seitenlang in das soziologische Gefüge einzubauen, sie beispielsweise noch in Beziehung zu Normen, Rollen oder Strukturen zu setzen. Doch wenn schon die Soziologie dazu dienen soll, die gesellschaftliche Wirklichkeit angemessen zu erfassen und zu deuten, darf ich den wesentlichen Bezug zwischen Arschkriecherei und *sozialer Kontrolle* nicht übergehen. Dem muß vorausgeschickt werden, daß der Begriff «soziale Kontrolle» in den Sozialwissenschaften von vielschichtiger Bedeutung ist und eine Anzahl von Sachverhalten umschreibt. In seiner einfachsten Form bezieht er sich auf die Vorherbestimmung der Reaktion des anderen durch das Handeln des einen. Die Durchsetzung von Kontrolle wird im positiven Sinne durch materielle oder symbolische Belohnungen erreicht, im negativen Sinne durch Zwang oder Strafe. Eine vorgeschriebene oder erwartete Aktion soll hervorgerufen werden. Dies mag die Beherrschung einer Person über eine andere mit sich bringen, einer Gruppe über ihre Mitglieder, einer Gruppe über eine andere Gruppe, einer staatlichen Vertretung über alle Gruppen in der Gesellschaft, wobei das Kontrollmittel formeller oder informeller Art sein kann.

Ein solches informelles Kontrollmittel kann durchaus die Arschkriecherei sein, wenn beispielsweise die Begrenzung des Individuums auf *Klatsch* und dessen Einflüsterungen beruht. Wieso? Zunächst einmal wird Klatsch für den kriecherisch Klatsch Verbreitenden selbst als soziale Kontrolle wirksam, indem er sich auf das abweichende Verhalten eines anderen bezieht: das Klatschobjekt wird mißbilligt («Es geht um deine Ehre, man sagt, deine Frau betrügt dich»). Ferner wird Klatsch als Mittel der sozialen Kontrolle wirksam, indem es auf das Opfer des Klatsches sozialen Druck ausübt und sein Verhalten entsprechend den Erwartungen seiner Umgebung, insbesondere den des kriecherisch Belämmerten, ändert. Letztlich wird in Kriecherei eingehüllter Klatsch dadurch zum Mittel der sozialen Kontrolle, daß er wie eine Androhung vorbeugend ein gesellschaftlich konformes Verhalten erzeugt. Wohin kriecherisch verbreiteter Klatsch als Mittel sozialer Kontrolle führen kann, beispielsweise zu Mord, hat uns schon vor Jahrhunderten Shakespeare in seinem dramatischen Werk «Othello» vor Augen geführt.

Zweckideologie

Weder gut noch böse

Johann Michael Voltz:
Der neue Universalmonarch (1814)

Der neue Universalmonarch

auf dem, zum Wohl der Menschheit errichteten Throne.

Bei unserer soziologischen Einkreisung der Arschkriecherei zeichnet sich bisher ein recht negatives, ein egoistisches Menschenbild ab, wie es die kränkende Redewendung «Dieser Typ ist ein Arschkriecher» zum Ausdruck bringt. Angesichts eines solch negativen Vorzeichens erscheint es angebracht, Milde walten zu lassen, zu Rechtfertigungsversuchen zu greifen, gar bis an die Grenzen altruistischer Vorbilder zu gehen. Jedoch das würde besagen, soziologische Überlegungen für einen verderblichen Luxus zu halten anstatt für eine unentbehrliche Beigabe zur Lebensführung.

Hat man nicht auch von den Folgen der Kriecherei zu wissen, mögen sie bedenklich oder unbedenklich sein? Versuchen wir sie aus der Sache selbst heraus zu umschreiben. Da wäre zunächst von Belohnung zu sprechen, und zwar im Sinne von Anerkennung, von einem speziellen der Person zukommenden materiellen oder symbolischen Ertrag. Dann aber auch von Bestrafung, worunter die Austeilung von Schmerz, Pein oder Kummer als Folge der Erfüllung oder Nichterfüllung einer kriecherischen Handlung zu verstehen ist. Ferner wäre Übereinstimmung als Ausdruck von Sitten, als Attitüden oder Handlungen zu nennen sowie Nichtübereinstimmung als Unterlassung, Sitten zum Ausdruck zu bringen oder gegen sie attitüden- oder handlungsmäßig anzugehen. Bleibt noch die Wahrnehmung vom Bevorstehen sozialen Schadens zu erwähnen, dem Gefühl oder dem Glauben, man werde wegen Nichtübereinstimmung bestraft.

Mir scheint dies alles sehr ungelenk, um Unsegen oder Gedeihen verursachende Arschkriecherei über ihre Alltäglichkeit hinaus im Licht gesellschaftlich bedingter Verhaltensmuster zu erkennen. Unser Knigge fand hierfür einen viel einfacheren Zugang. Denn wenn er Ungemächlichkeiten im Umgang mit den Menschen aus dem Wege zu räumen gedachte, warnte er einfach davor, nicht unseren inneren Wert – «der wie ein Schatz unter der Erde immer, auch verborgen, Gold bleibt» – aufs Spiel zu setzen. Allerdings, woraus dieser «innere Wert» zu bestehen habe, wird nicht gesagt. Dennoch sollten wir Knigges reichlich poetisierte Aussage nicht beiseite legen. Schließlich enthält auch Kriecherei gewisse Werte, deren Bestimmung uns angelegen sein muß.

Machen wir es uns ohne viel psychologische Tiefgründigkeit leicht und stellen fest, daß sich im täglichen Leben der Wert der Kriecherei durch Wunsch, Bedürfnis und Interesse, und zwar im Sinne von Teilnahme, Vorteil, Nutzen oder Gefallen, bestimmt. Der Einsatz vielschichtiger Wünsche, Bedürfnisse und Interessen reicht bis zu mit Kriechereitechniken versehenen Werten. Die Stärke bzw. der Einflußbereich dieses Wertes bestimmt sich vordringlich durch seine Gültigkeit.

Von einer eher idealistischen Seite aus gesehen, wie beispielsweise bei Knigge, treten in unserer Gesellschaft drei fundamentale Werte nach vorne, an die sich alle anderen Werte, darunter auch die Arschkriecherei, anbinden: das Gute, das Schöne und das Wahre. Von ihnen leiten sich nach der Ansicht der griechischen Philosophen die Moral, die Ästhetik, die Logik und die ihnen eigenen Formen der Urteilskraft ab. Dabei bleibt jedoch hintangestellt, daß, wie Sozialphilosophen aufgezeigt haben, nicht nur *eine* Moral und *eine* Logik existieren und die Gesellschaft durchziehen, sondern viele Seiten dieser Gegebenheiten. Wenn ich sage, diese oder jene Kriecherei ist gut, dann heißt das, daß ich sie von demjenigen absondere, was schlecht oder gar böse ist. Indes, dasjenige was für den einen gut oder schlecht ist, gilt nicht notwendigermaßen für den anderen. Es ist nun einmal so, daß Werturteile durchaus unterschiedlich ausfallen. Wir müssen uns also bei einer Aufhellung dessen, was schlechthin als Arschkriecherei bezeichnet wird, im klaren sein, daß die Handlung des Kriechens selbst – vom Heucheln bis zum Anpassen – nicht gut oder schlecht bzw. böse sein kann, sie wird nur hier so, dort anders bewertet. Letztlich sind es die Mitglieder der Gesellschaft, die einer verpönten Handlungsweise die negative Werteigenschaft «schlecht» beilegen, einer verdienstvollen hingegen die Werteigenschaft «gut».

Es ist die beschriebene *Unterschiedlichkeit* in der Werteigenschaft und der Wertbeurteilung, die zu dem befreienden Bescheid «Der Zweck heiligt die Mittel» geführt hat. Wie in vielen Fällen ist auch diese Verlautbarung zu einem Sprichwort geworden, das allerdings die Folgen übergeht. Haben doch die angewandten Mittel, so die Kriecherei, vielfach gänzlich unerwartete Folgen, und zwar andere als den bewußt verfolgten Zweck. Daher haben wir beim Angehen an unsere Thematik genau zwischen dem Wert der Mittel und dem Wert des Zweckes zu unterscheiden, was letzten Endes bedeutet, daß der Zweck nie die Mittel heiligt.

Es bedarf keiner besonderen Nachdenklichkeit, um zu ermessen, daß sich der Wert der verschiedenartigen arschkriecherischen Handlungen nach Zweck und Nützlichkeit bestimmt, wodurch ein teils sozialpsychischer, teils ideologischer Prozeß in Gang gesetzt wird, an dessen Ende eine positive oder negative Gesinnung steht. Verstehen wir unter Ideologien eine zusammengehörige Gesamtheit von Ideen, Begriffen, Urteilen, Schlüssen, Wertaussagen und Hypothesen und nicht nur ein Verteidigungssystem der eigenen Person oder Gruppen, kommen wir nicht umhin, in der Arschkriecherei eine *Zweckideologie* zu erkennen. Das heißt, ein Komplex von Seins- und Wertaussagen sowie Unterstellungen, die nicht der Ergründung der Wahrheit oder der sachgerechten Analyse eines Sinnzusammenhanges dienen, sondern der *Rechtfertigung des Verhaltens* der Person oder der Gruppe, geschehe dies durch Verhüllung oder Irreführung.

Bei der von mir als Zweckideologie angesehenen Arschkriecherei sind die in sie eingegangenen Elemente des Zweckhaften so erheblich, daß sie der vernunftmäßigen Einsicht gegenübergestellt und entlarvt werden können. Dem werden wir uns in den nächsten Kapiteln zuwenden.

Opportunismus

*Sich unterwerfen, wo es
notwendig ist*

Kukryniksy:
Der Speichellecker (1959/60)

Vermutlich wird mir der Vorwurf nicht erspart bleiben, mich einer im Grunde genommen verabscheuungswerten, wenn nicht gar unappetitlichen Angelegenheit zugewandt zu haben. Aber so ist es nun einmal, wenn man als Soziologe den Alltag betrachtet, anstatt sich als Welt- oder Gesellschaftsverbesserer aufzuspielen, was bekanntlich zu nichts verpflichtet. Es geht nicht darum, Stürme zu entfachen, sondern, Zeit und Sitte einbeziehend, die Schattenseiten wie auch die Lichtseiten eines menschlichen Handelns aufzuzeigen, das zielgerecht auf Erfolg ausgerichtet ist.

Es ist keine umwerfende Erkenntnis, daß unser Handeln – unter anderem arschkriecherisches Denken, Verhalten und Tun – einerseits von den Beziehungen des einzelnen zu bestimmten Werten abhängt, andererseits von der Wahrscheinlichkeit, ein Ziel zu erreichen. Ob das Erreichen eines von Werten geleiteten Ziels als Erfolg oder Mißerfolg beurteilt wird, bleibt von Mensch zu Mensch und von Gruppe zu Gruppe unterschiedlich, erlaubt also keine Verallgemeinerung. Ob es heißt: «Unterwürfig ging er den Weg nach Canossa» oder trügerisch «Paris war ihm eine Messe wert», oder verhängnisvoll «Für nichts gibt es nichts» bzw. «Der Herrgott hilft dem, der sich selbst hilft» – stets ist die Nützlichkeit für den Zweck gewährleistet.

Schon allein aus diesem Grunde ist es bei einer die Gesamtgesellschaft betreffenden Sichtbarmachung des von mir aufgerollten uralten Phänomens eine Unmöglichkeit, es an einer als Arschkriecher einzureihenden Gestalt aus der Literatur festzumachen, sagen wir an Shakespeares Höflingen Rosenkranz und Güldenstern. Noch weniger halte ich es für angebracht, eine Art von Denunziantentum zu betreiben und an verstorbenen oder lebenden Persönlichkeiten ein zeitweiliges oder andauerndes Arschkriechertum zu demonstrieren. Überdies widerstrebt es mir, gerade bei einem von manchen Menschen übellaunig hingenommenen Thema der vom Soziologen verlangten Sensibilität, der Fähigkeit zu empfinden, zu entsagen. Also was tun? Soll ich die Weltklugheit von zu Lebensglück verhelfenden Verhaltensregeln bemühen, zum Beispiel Klugheit, Ehre, Ruhmsucht oder Herrschaft, Überheblichkeit, Kleinlichkeit oder Argwohn? Es würde mich allemal auf die falsche Spur bringen. Und zwar zum einen, weil unsere auf Wettbewerb ausgerichtete Lebenskultur über gewisse Techniken der Kriecherei verfügt, die den Mitgliedern der Gesellschaft vom jüngsten Alter an beigebracht werden. Zum anderen, weil sich soziale Ziele und Wünsche des Menschen unmittelbar im Rahmen von Soziabilität abspielen, im Umkreis einer sich als zwischenmenschliche Beziehung gestalteten Gesellung unaufgeforderter oder unabwendbarer Art.

Ich kann also nicht die Hände in die Tasche stecken und eine von dieser oder jener in der Öffentlichkeit bekannten Person praktizierte Kriecherei mit Eigenschaftsworten wie bequem, harmoniebedürftig, konservativ, gemeinnützig, erfolgreich etc. bedenken. Wenn ich mir schon den Glauben an die Pascalsche Aussage «Das Denken macht die Größe des Menschen» nicht nehmen lasse und den Menschen trotz aller Wirrnisse durch Vernunft geleitet sehe, dann muß ich Arschkriecherei über ein zweckideologisches

Verhaltensmuster hinaus als einen Umgangsmodus innerhalb eines vorhandenen Kommunikationssystems auf-
spüren. Das aber kann nur geschehen, wenn die zwischenmenschliche Verständigung auf eine bedeutungsvolle
Projektionsfläche gebracht wird, die den Anforderungen
einer Typologie gerecht wird. Ich werde also das Dickicht
der Arschkriecherei nach ihren Typen durchforsten, denn
nur so können wir ihr aufklärerisch Gerechtigkeit angedei-
hen lassen und vermeiden, zu nutzlosen Moralpredigern
zu werden.

Das Betreiben der soziologischen Erkundungen alltäglichen Geschehens und Handelns, also einer Alltagssoziologie, verlangt nach einer zwischen Beklemmung und
Aufrichtung gelegenen Position. Daher sind bei einer Her-
ausarbeitung der verschiedenen Arten der Arschkriecherei beispielsweise List und Finte von Gewalt und Zwang
zu unterscheiden, Mißachtung und Geringschätzung von
Beschimpfung und Beleidigung. Im Alltag des kriecherischen Verhaltens bleiben derartige Gegenüberstellungen
außer Betracht. Wenn gefragt, als was denn dieses Verhalten anzusehen sei, wird auf den ersten Anhieb meist
weder auf Moral oder Untugend, auf Verräterisches oder
Unpassendes Bezug genommen, sondern von gelenkem
oder ungelenkem *Opportunismus* gesprochen: das Verhalten sei opportun gewesen, das heißt gelegen, passend,
zweckmäßig.

Mit einer solchen Bezugnahme verbleibt Arschkriecherei ungehindert und unverworfen im freien Raum des Hin-
nehmens, obwohl doch Opportunismus im Widerspruch
zum Handeln nach eigener Überzeugung steht. Das geht
eindeutig aus den vielen, in jedem Lexikon auffindbaren
kurzen oder langen Umschreibungen des Begriffs «Oppor-

tunismus» hervor. Am besten, weil in sich fassend, sagt mir die Definition zu, bei der es heißt: Opportunismus ist eine Attitüde, die daraus besteht, sein Verhalten weniger nach moralischen Prinzipien oder einem organisierten Plan zu regeln, sondern nach den augenblicklichen Umständen, die man immer am besten zu gebrauchen sucht, um seinen Interessen am vorteilhaftesten zu dienen. Wie bei dieser Erläuterung steht auch bei anderen stets ein durch Handeln gewonnener Vorteil im Vordergrund. Das heißt im Klartext, daß eine von Opportunismus angeführte und damit zu identifizierende Kriecherei auf eine Wirkung aus ist, sei sie wohltätig oder schädlich.

Mit dieser an das Moralische anklingenden Aussage geraten wir womöglich in die Falle einer philosophischen Wertbeurteilung, wie sie zum Beispiel dem Utilitarismus zugrunde liegt, einer Denkrichtung, die den Zweck alles menschlichen Handelns in dem dadurch für den einzelnen oder die Gemeinschaft bescherten Nutzen sieht: Wenn eine Handlung ein Übermaß an nützlichen Wirkungen über nachteilige Wirkungen verursacht, ist sie richtig, ansonsten nicht.

Der Schwerpunkt liegt bei dieser wertenden Denkweise auf den Folgen der durch Richtigkeit oder Unrichtigkeit bestimmten Aktionen – nicht aber auf deren Beweggrund, auf ihren Motiven. Aber gerade nach diesen suchen wir ja, wenn wir Opportunismus als eine der Handlungsformen der Arschkriecherei betrachten. Für manch einen mag Utilitarismus als moralische Theorie zumindest in der Nähe von Opportunismus liegen, aber das eine mit dem anderen gleichzusetzen, wie es oft geschieht, im Sprachgebrauch miteinander auch nur zu verwechseln, ist von Grund auf fehlerhaft.

Sobald Opportunismus als eine aus der Fülle des Lebens entnommene Gesamtheit angesprochen wird, beliebt es, ihn als eine auf gesunden Menschenverstand gründende menschliche Neigung zu vergegenwärtigen. Auf gegenstandslosem Gelände hören wir von Opportunismus als einer geistigen Haltung zu den Erscheinungen der Welt, als einer Lebenshaltung, wenn nicht gar einer Lebensphilosophie. Das sind jedoch alles nur verallgemeinerte undurchdringliche Rundumschläge, die, wenn es zu der uns beschäftigenden Abtönung des arschkriecherischen Opportunismus kommt, an Kennzeichnung verlieren. Er wird der Vereinfachung preisgegeben, indem die Lanze auf den opportunistischen Kriecher gerichtet wird, sei es, daß man ihn als unvorsichtig, dumm, wunderlich oder kurzab als einen Schurken, einen von Grund auf schlechten Menschen ansieht.

Damit ist wenig erreicht, denn es führt uns nicht hinter die Kulisse der opportunistischen Kriecherei, hinter seine auf ein Ziel ausgerichteten treibenden Kräfte, die erstlich und letztlich das zu billigende oder zu mißbilligende Verhalten bestimmen. Schlagen wir also ein anderes Blatt auf und gehen auf die Suche nach derlei zielgerechten Kräften, und zwar ohne sie der Motivationserkundung zu unterwerfen.

Auf den ersten Platz stelle ich hier nicht die unumschreibbare Suche nach Glückseligkeit und Lebensglück, sondern den unstillbaren und daher so verführerischen Hunger des Menschen nach Macht, ob im kleinen oder im großen. Hierzu waren seit jeher alle Mittel recht, auch kriecherischer Opportunismus, wobei er, wenn mit Erfolg gekrönt, stets erneut zum Erwerb von mehr Macht eingesetzt wird. Eng hiermit verbunden sind Wettstreben und Ruhmsucht. Das Ziel des Wettstrebens ist Gewinn, wobei kriecherischer Opportunismus bis zu überdeckter Gewalt führen kann. Bei der Ruhmsucht als treibender Kraft geht es um Ansehen, um durch Arschkriecherei erreichte Taten, die Gefallen und Lob bei denjenigen hervorbringen, deren Urteil geschätzt wird. Auch das Streben nach Muße und sinnlichem Vergnügen muß angeführt werden, vor allem wenn Menschen nicht in der Lage sind, sie durch eigene Mühen und Anstrengungen zu erwecken. So könnte ich fortfahren, könnte noch Reichtum und Ehre, Herrschaft und Überheblichkeit, Sparsamkeit, Überzeugung, Ketzerei und Argwohn ins Gespräch bringen, doch bleibt zu befürchten, daß ich dann vollmundig die dem arschkriecherischen Opportunismus anhaftende und innewohnende *Diskretion* unbekümmert übergehen würde.

Wer sich Vorteile, Unterstützung, Versorgung wünscht, kommt nicht umhin, dafür zu bitten, auch wenn seine Taten lautstark für ihn sprechen. Er muß opportun handeln, selbst wenn es seine Eigenliebe, seinen Eigendünkel, seinen Rang oder seine Eitelkeit unangenehm berührt. Sie müssen überwunden und durch Ehrgeiz als Triebkraft für opportunes kriecherisches Tun ersetzt werden. Aber auch Feigheit ist hier im Spiel, denn für Ehrgeiz wie Feigheit ist Diskretion das A und O. Ohne mich lang und breit damit auseinanderzusetzen, ob, wie Michel de Montaigne meinte, Feigheit die Mutter der Grausamkeit sei, und ob, wie Blaise Pascal fand, Ehrgeiz im Herzen des Menschen verankert sei, begebe ich mich in die mir naheliegende Welt der Musik bzw. des Musiklebens, um kriecherischen Opportunismus beispielhaft in der Verkettung von Ehrgeiz und Feigheit aufzuzeigen.

Vor mir steht die einmalige Figur des Richard Wagner.

Als ein genialer Komponist hat er das Musikgeschehen revolutioniert. Wie eine jede der Dutzenden von wissenschaftlichen oder populären Biographien aufzuzeigen weiß, durchlief Wagner in seinem Leben äußerst schwierige Situationen. Nicht nur hatte er seine Gegner, sondern überdies war er, wie man behutsam zu sagen pflegt, nicht gerade auf Rosen gebettet. Tatmensch, der er war, nutzte er jede sich bietende Gelegenheit, um sein Werk durchzusetzen, aber auch um seine persönlichen, oft prekären Umstände zu verbessern, was ihm kein Mensch übelnehmen kann. Nur das Wie bleibt die Frage.

Allbekannt ist Wagners Verhältnis zu dem von seinen Werken unendlich begeisterten hochsensiblen König Ludwig von Bayern. Alles, was hierüber geschrieben wurde, ob es in den Einzelheiten stimmt oder nicht, deutet darauf hin, daß Wagner, durch sein opportunistisches kriecherisches Verhalten gegenüber dem königlichen Mäzen, der ihn persönlich keinen Dreck interessierte, Nutzen zog, um seine ehrgeizigen Ziele, so die Gestaltung der Festspielstätte Bayreuth, zu erreichen.

Dieses Beispiel aus Wagners bewegtem und schwierigem Leben, das keinesfalls zu einem Vorwurf umgedeutet werden soll, ist durch ein zweites zu vervollständigen. In jeder Lebensbeschreibung des großen Komponisten ist ein längeres oder kürzeres Kapitel der sogenannten «Mathilde-Wesendonk-Affäre» gewidmet. Die einen heben hervor, daß es da um eine reine Freundschaft zwischen dem verheirateten Wagner und der verheirateten Mathilde Wesendonk ging. Andere Biographen machen kenntlich, daß es sich um eine Liebesaffäre zwischen zwei gleichgesinnten Seelen handelte, und wieder andere berichten von einer Liaison voller Romantik und Hingabe, die den Komponisten zu seinem dazumal in Arbeit befindlichen «Tristan» inspiriert habe. Was es in Wirklichkeit war, weiß kein Mensch, sondern wird aus überlieferten Briefen und Wagners nicht immer wahrhaftiger Lebensbeschreibung übernommen. Mathildes Gatte, der wohlhabende Otto Wesendonk, mußte aus welchen Gründen auch immer dem ganzen Leidens- und Freudenszustand der beiden Verklärten zusehen und durfte überdies den Aufenthalt Wagners in Zürich, seinem zeitweiligen «Asyl», wie er es nannte, finanzieren. Offensichtlich war Wagners in allen Lebenslagen bezeugter Egoismus nicht nur so ungeheuer, daß er es sich versagte, seinem Gönner auch nur ein Zeichen von Dankbarkeit entgegenzubringen, er wurde zudem, wie gegenüber Märchenkönig Ludwig, durch kriecherischen Opportunismus abgestützt.

Nur ein einziges Beweisstück für meine Ansicht sei vorgelegt: ein Brief Wagners an Otto Wesendonk, aus dem, wenn verständnisinnig gelesen, die Sprache des selbstbezogenen Opportunisten spricht. Der Brief vom 24. August 1859 lautet:

«Um Gottes Willen, bester Freund, nehmen Sie es nicht als Beleidigung auf, wenn ich Sie dringend bitte, das mir angebotene Geld hiermit wieder zurückzunehmen! – Ich kann, wenn ich ehrlich bin, kein Darlehen annehmen, denn ich kenne meine – vermutlich nie sich ändernde Lage und Verfassung. Ein Geschenk darf ich aber noch viel weniger accéptieren, und zwar – seien Sie versichert – von Niemand, nicht etwa nur von Ihnen, den ich bereits so ansehnliche Opfer danke. Haben Sie besten Dank für Ihre freundliche Gesinnung, und seien Sie herzlich von mir gegrüßt.

Ihr Richard Wagner»

Man werfe mir nicht vor, ich beabsichtige mit der zusammengedrängten Darstellung einer Episode aus Wagners Leben die Größe seines musikalischen Schaffens anzurühren. Beileibe nicht. Selbst sein von purem Opportunismus geleitetes Verhalten, als er, der schonungslose Antisemit, für die Erstaufführung des «Parsifal» den jüdischen Dirigenten Hermann Levi hinzuzog, kann mich dazu bringen, seine Musik nicht zu schätzen und zu bewundern. Es gilt, zwischen den Niedrigkeiten der Person und der Hochachtung für ein geniales Kunstschaffen eine Trennungslinie zu ziehen. Es gehört nun mal zum Opportunismus, ob kriecherisch, sichtbar oder verstohlen, zum einen Wohltaten zu fordern und anzunehmen, zum anderen unangenehme Sachverhalte in Erinnerung zu bringen.

Nicht daß ich mich zum Ankläger dieser doch wohl angeborenen menschlichen Neigung, genannt Opportunismus, aufzuspielen gedenke – nein, es ist der mit Arschkriecherei befrachtete Opportunismus, dem meine Worte gelten. Innerhalb der Musikwelt finden wir noch so manche von der Nachwelt gekrönte Komponistenhäupter, die sich im Laufe ihres Lebens entweder naturgemäß oder notgedrungen des Opportunismus bedienten, bei dem sie von Fall zu Fall bis in die Selbsterniedrigung der Arschkriecherei verfielen.

Nennen wir nur den unvergleichlichen jüdischen Kantorsohn Jacques Offenbach, der, bis seine Musik die Welt umspannte, für sein Fortkommen mal den Geldgebern für sein Theater, mal seinen Librettisten kriecherisch zu Füßen lag. Ja nicht einmal zögerte, katholisch zu werden, um eine streng katholische Herminie heiraten zu können, auf daß ihr Onkel, ein Impresario, ihn unter seine Fittiche nehme. Oder der stets unglückselige Gustav Mahler, der gestrenge, von Opernhaus zu Opernhaus wandernde Dirigent und überwältigende, von seinen Zeitgenossen verkannte und bekämpfte Komponist, der sich bis hin zum Übertritt zum Katholizismus kriecherisch erniedrigte, damit er die Ernennung zum Kapellmeister an der Wiener Hofoper erreichen konnte.

Es ist nicht an uns, Menschen in ihrem Opportunismus, in ihrem Aufzeigen dessen, was man hat und kann, anzuklagen, zumal wenn sie der Welt unersetzliche dauernde Werte geschenkt haben. Nur wenn sie zu weit gehen, wenn sie sich der unlauteren Handlung kriecherischer Selbsterniedrigung hingeben, gilt der Satz des weisen Pascal: «Man muß zu zweifeln verstehen, wo es notwendig ist, sich Gewißheit verschaffen, wo es notwendig ist, und sich unterwerfen, wo es notwendig ist.»

Wir täten den sich durchgehend oder bei Gelegenheit opportun verhaltenden Menschen gewiß Unrecht, wenn wir darüber hinweggehen würden, daß Opportunismus viele Sprachen spricht und viele Rollen spielt. Erstaunlicherweise wird dies trotz der Offensichtlichkeit dieses menschlichen Verhaltens in den meisten Fällen übergangen, und zwar, weil bei Beurteilungsfaktoren meist nur Eigennützigkeit und Uneigennützigkeit abgewägt und gegenübergestellt werden.

Auch dem kriecherischen Opportunismus sollte nicht der Makel reiner Fehlbarkeit verliehen werden. Wir müssen diesem Verhaltensmuster eine Standfläche zuerkennen, die zur Befriedigung eines beiderseitigen *Geltungsbedürfnisses*, das des Selbsts und das der anderen, dient. Ist doch über Opportunismus erzieltes Geltungsbedürfnis einerseits eine Bewunderung seines Selbst, die sich auf die Bewunderung stützt, von der man glaubt, sie bei anderen bewirkt zu haben. Andererseits läßt Opportunismus in angenehmer Weise das Geltungsbedürfnis des oder der anderen gedeihen. Es entsteht eine stillschweigende Übereinkunft, ohne die gesellschaftliches Leben nicht möglich wäre.

Nun aber genug der Sinndeutung. Lassen wir noch einmal ein dem Musikleben entnommenes Beispiel sprechen, das auf der einen wie auf der anderen Seite Geltungsbedürfnis als Ansporn von Opportunismus in vielfacher Fächerung aufzeigt. Sobald der Winter eingesetzt hat, erreichen uns unter dem Motto, der Musik und ihrem Leben zu dienen, Nachrichten, daß in der kommenden Frühjahrs-, Sommer- und Herbstsaison hier oder dort festliche Tage der alten, der neuen, der wiedererweckten oder der zukünftigen Musik abgehalten werden. Zur Vorbereitung vereinen sich Kulturgremien, Intendanten, Impresarios, Finanzberater, Tourismus- und Öffentlichkeitsexperten, damit irgendwo sieben Tage lang Musik gemacht werden kann. Während an einem Ort das putzsüchtige Festivalkomitee auf große und zugkräftige Werke mit großen und zugkräftigen Interpreten setzt, hält man sich an einem anderen Ort an unbekannte, von kompetenten Ausgrabungsmannschaften vorgeführte Musiken. Alle idealistisch getönte Augenwischerei beiseite lassend, stehen im Vordergrund Tourismusförderung und opportunistisch getöntes Geltungsbedürfnis.

Letzteres wirkt sich bis auf das Engagement des Dirigenten aus. Obwohl man weiß, daß Herr Schmitz bestens die «Zweite» von Brahms dirigieren kann, wollen wir unbedingt Herrn Dupont. Hat er doch nicht nur schon in Luzern, Florenz und Kassel mit großem Erfolg dirigiert, sondern berauscht überdies durch die Eleganz seiner In-

terpretation, durch seine Gesten und seinen blauen Frack –
also her mit Herrn Dupont! Doch dieser hat schon für die
Saison neunzehn andere Engagements und ist überdies
nicht gewillt, die im Programm angekündigte «Schöp-
fung» von Haydn zu dirigieren. Also schön: Nehmen wir
die Gelegenheit wahr, daß Dupont an den Tagen, für die
wir ihn haben möchten, noch frei ist, kriechen wir ihm
in den Hintern – soll er in Gottes Namen Beethovens
«Neunte» dirigieren.

Das Geltungsbedürfnis stellt sich gemäß dem soziologischen Beziehungsbegriff als ein Verhaltensmuster
dar, dessen Inhalt aus Opportunismus, Selbstgefälligkeit,
Putzsucht und auch eitlen Nichtigkeiten besteht. In die
Mitte des sozialen Lebens gestellt, in unserem Beispiel des
sozio-musikalischen, empfängt das Verhaltensmuster des
Opportunismus dort Verachtung, wo es die Sache durch
die Manifestation von Arschkriecherei übertrumpft und /
oder verdeckt. Opportunismus bleibt allerdings dort, wo
er sich in den Grenzen des rein Menschlich-Persönlichen
hält, stets Normalität.

Interlude

Keine Frage des Charakters

Bevor ich fortfahre, weiteren Entfaltungen der Arschkriecherei, ihren Vorder- und Hintergründen nachzugehen, ist darzutun, warum ich diese menschliche Erscheinung nicht einfach unter der Überschrift «Charakter» bzw. «Charakterzug» abhandle; warum ich nicht diesem oder jenem sich als Kriecher Erweisenden ungetüncht einen schwachen, schwierigen, bösartigen, edlen, guten oder schlechten Charakter zuweise. Ist es doch die bequemste Weise, jemanden zu charakterisieren, indem man seine Qualitäten und Fehler anführt.

Wie sie aber einordnen, insbesondere wenn kein billiger Apriorismus betrieben werden soll, indem Arschkriecherei von vornherein als schlecht, als verwerflich, als egoistisch angesehen wird?

Die Charakterkunde, die wissenschaftliche Durchforschung des Charakters, ist um bestimmende Einordnungen nicht verlegen: Voltaire und Lessing werden als «Sanguiniker» charakterisiert; Kant, Hume, Darwin als «Phlegmatiker»; Dostojewski, Lenau, Grillparzer als «Reizbare»; Rousseau und Kierkegaard als «Empfindsame»; Danton, Proudhon und Gambetta als «Choleriker»; Michelangelo, Napoleon, Nietzsche als «Leidenschaftliche» und ähnliches mehr. Als Soziologe kann ich derartige Typologisierungen nur als den Ausdruck von Stimmungen ansehen, als Ausfluß äußeren und inneren Lebens. Das heißt, ich müßte mich bei der Fixierung der Arschkriecherei als Charakterzug den verschiedenen Zweigen der Psychologie zuwenden.

Indes, das erscheint mir unangebracht. Denn insoweit sich die Psychologie mit dem menschlichen Charakter befaßt, geht sie von angeborenen oder im Laufe des Lebens erworbenen gleichbleibenden Grundzügen von Haltungen, Einstellungen und Handlungsweisen aus, die das Besondere eines Individuums grundlegend bestimmen. Dem aber kann ich, was die Arschkriecherei betrifft, nicht folgen, vor allem, wenn ich sie wie dargelegt als eine Zweckideologie ansehe: Zum einen tritt sie nicht als ein «gleichbleibender», sondern als ein je nach den Umständen wechselhafter Zug auf, und zum anderen ist sie nicht ein das Besondere «grundlegend» Bestimmendes. Sie ist an Gelegenheiten gebunden, tritt hier und da im Leben eines Menschen auf, gleich, ob es sich um einen Choleriker, einen Sanguiniker oder einen anderen Typus handelt. Aus soziologischer Sicht ist die Arschkriecherei uneingegliedert, ungereimt und unbeständig, ob in ihrer rudimentären Form, in ihrer anspruchslosen Form, in ihrer intellektuellen oder hochentwickelten Form. Angesehen als eine auf Handlungen gründende zwischenmenschliche Beziehung, dargetan als ein *Verhaltensmuster*, kann man sich bei der Arschkriecherei nicht wie beim Charakterzug auf ihre Eigentümlichkeiten verlassen. Arschkriecherei tritt in den verschiedensten Variationen auf, denen wir nun in den weiteren Kapiteln nachzugehen haben.

Lügen, Heucheln, Schmeicheln

Das Einmaleins der Täuschung

Olaf Gulbransson:
Vor den Kulissen

Wie wir alle habe ich in diesem Leben schon mehr als einmal gelogen, und wenn es nur dasjenige war, was gemeinhin als eine «Notlüge» bezeichnet und damit abgetan wird. Viele meiner wenigen deftigen Lügen spielten sich in meiner Jugend ab. Um nicht in die Schule gehen zu müssen, gab ich vor, Husten zu haben; um den Schwimmunterricht durch einen Kinobesuch zu ersetzen, legte ich der Mutter einen unter dem Wasserhahn genäßten Badeanzug vor; um mich herumtreiben zu können, anstatt zum Klavierunterricht zu gehen, log ich den Eltern vor, die Klavierlehrerin sei krank; und weitere solcher Kinkerlitzchen. Natürlich wurden diese Lügereien immer wieder entdeckt und auch geziemend bestraft. Die Mutter begleitete die Verfehlungen mit dem Ausruf: «Der Junge lügt schon wieder», der Vater, während er mir den Hintern versohlte, mit dem mich wenig beeindruckenden unheildrohenden Sprichwortsatz: «Nichts ist so fein gesponnen, alles kommt ans Licht der Sonnen.»

Auch während meiner Studentenzeit log ich den Eltern so manches vor. Während ich in Köln studierte, machte ich ihnen vor, man müsse auch Vorlesungen an der Universität in Bonn hören, und dafür brauche ich ein Motorrad, was ich auch bekam, womit ich aber hurtig gegen einen Baum und nie nach Bonn in die Universität fuhr. Um dem langweiligen Köln und der elterlichen Aufsicht zu entgehen, log ich ihnen vor, daß man nur an der Universität in Freiburg erstklassig Jura studieren könne. Einmal dort, log ich ihnen zur Aufstockung des nie ausreichenden Monatsgeldes vor, ich müsse reihenweise Fachbücher kaufen. Mit allen möglichen Finten dieser Art konnte ich ein damals noch mögliches, nicht auf Leistung getrimmtes Studium nach dem Motto «Lustig ist das Studentenleben» führen.

Allen diesen und ähnlichen sich der Lüge bedienenden Jugendtorheiten unterlag keine unabdingbare Notwendigkeit. Doch das sollte sich ändern, als mich die Nazihorden aus Deutschland vertrieben und ich als Emigrant Zuflucht im fernen Australien suchte. Um dorthin zu kommen, bedurfte es einer Einreiseerlaubnis. Sie zu ergattern war nicht leicht, denn das Land wollte keine Akademiker, Wissenschaftler oder Freiberufler als Einwanderer, nur gelernte Arbeiter und Handwerker waren gefragt. Zu dieser Zeit schlug ich mich in Paris als Kellner durch, und so kam mir die Idee, mich gegenüber der australischen Behörde als gelernter Koch auszugeben. Dafür bedurfte es allerdings der Nachweise und Zeugnisse, von denen der Gerichtsreferendar Silbermann natürlich kein einziges besaß. Nun denn, die Ausweisung aus Frankreich stand vor der Türe, und so ging ich rund, klaute in Schreibzimmern reputabler Hotels Briefpapier und verfertigte darauf mit verstellter Handschrift und gefälschten Unterschriften erstklassige Zeugnisse als sachverständiger Koch. Als solcher erhielt ich dann auch die Einreiseerlaubnis nach Australien, wobei noch zu bemerken ist, daß mir diese Lüge überdies bei meinem ersten Job in Sydney als Küchenmanager zustatten kam.

Mein Bericht soll dazu dienen, um von vornherein den Unterschied zwischen Lüge und Betrug zu verdeutlichen. Im übrigen, um die vorliegende Problematik mit dem Satz des französischen Klassikers Pierre Corneille: «Wie nützlich ist die Kunst, zu rechter Zeit zu lügen», zu beleuchten.

Das uns entgegenkommende Problem besteht darin, das Verhalten «Lügen» mit dem Verhalten «Arschkriecherei» in Verbindung zu bringen. Denn was immer wir an moralisierenden Sätzen zum Thema «Lügen» hören oder lesen – zum Beispiel «Lügen haben kurze Beine» oder «Wer einmal lügt, dem glaubt man nicht, und wenn er auch die Wahrheit spricht» –, nirgends findet sich auch nur ein Fingerzeig in Richtung Arschkriecherei. Stets unterliegt den angeführten, zu Sprichworten gewordenen Sätzen nur der moralische Grundsatz: «Du sollst nicht lügen», der übrigens im Dekalog nicht angeführt ist. Es baut sich hier für das soziologische Denken eine Mauer auf, die zu durchbrechen nur gelingen kann, wenn wir zunächst die Allgemeingegebenheit «Lüge» in ihren abwandelbaren Eigenschaften betrachten.

Mit betonter Einfachheit gehe ich davon aus, daß das Verhalten «Lügen» eine soziale Aktion ist, um wissentlich die Wahrheit zu verschleiern, zu verfälschen oder zu entstellen. Unter dieser Voraussetzung kommen wir als erstes jener fast selbstlosen Lüge entgegen, die sich als eine freudige Lüge bezeichnen läßt, als ein Scherz. Ihr ist ein Überraschungseffekt zu eigen, beispielsweise wenn ich Gäste einlade und ihnen sage, niemand sonst komme, wissend, daß ich zur Überraschung noch andere Gäste eingeladen habe. Auf dieser vergnügten, mit keiner Kriecherei verbundenen Lüge beruhen so manche Theaterstücke, von Johann Straußens «Fledermaus» bis zu den spritzigen Gesellschaftsstücken eines Georges Feydeau.

Die offiziöse, halbamtliche Lüge, die oft einen wenn auch noch so geringen Kern von Wahrheit enthält oder zumindest eine glaubliche Vermutung, wird entweder eingesetzt, um einer Person oder Gruppe gefällig bzw. nützlich zu sein, oder aber um sie zu tadeln, zu mißbilligen, zu verurteilen. Dieser milden Form von Lüge kommen wir in Wort und Schrift häufig entgegen. Es ist dies die Lüge der Verlautbarung, des «Man sagt, daß ...», des «Ondit». Die offiziöse Lüge ist vor allem bei der Boulevard- und Regenbogenpresse sehr beliebt, wenn von Ehezerwürfnissen, Süchten, Finanzschwierigkeiten oder Krankheiten über Personen des öffentlichen Lebens gemunkelt wird. Entweder möchte man der Person bemitleidend entgegenkommen oder der sogenannten öffentlichen Meinung, und zwar um Personen zu diskreditieren, zu entmachten bzw. aus innehabenden Positionen zu verjagen. Hier mit Beispielen und Namen aufzuwarten dürfte sich erübrigen. Wir haben nur zu beobachten, was uns so an lügnerischen «Verlautbarungen» und den entsprechenden Berichtigungen und Widerrufen aus der Welt der Politik, der Wirtschaft, der Künste oder des Sports mindestens einmal in der Woche entgegenkommt.

Als letztes ist über die am Pranger der Verachtung stehende verderbliche und bösartige Lüge zu sprechen. Sie treibt ihr Unwesen dort, wo es darum geht, Menschen zu beeinträchtigen und ihnen Schaden zuzufügen. So vielfältig ihr Einsatz auch ist, im Vordergrund stehen bei ihr meistens Absichten der Rache. «Der Hölle Rache kocht in meinem Herzen», singt die Königin der Nacht in Mozarts «Zauberflöte» und beschwört mit Hilfe einer Lüge ihre Tochter, Sarastro, den Herrscher des Lichtes zu ermorden. Ja, diese Lügensorte ist fürchterlich, grausam, dauerhaft und läßt keine Versöhnung zu.

Um diese hier kurz skizzierten lügnerischen Verhaltensmuster in Umlauf zu bringen, bedarf es keiner Arschkriecherei. Sie können «erhobenen Hauptes» eingesetzt werden, auch wenn sie nur dem eigenen Vorteil dienen. Mit dieser Feststellung schlagen wir uns selbst ins Gesicht. Herrscht doch Einigkeit darüber, daß Lüge ebenso wie Arschkriecherei negative Einstellungen sind und dementsprechend zusammenpassen müßten. Doch offensichtlich ist dem nicht so. Hierzu vorzubringen, die Lüge sei ein natürliches Phänomen, die Arschkriecherei hingegen nicht, kann als ein billiges Argument abgetan werden. Um das Mißverhältnis zu klären, nachdem das Anbringen der Lüge nicht unbedingt von Kriecherei angeführt sein muß, wird es notwendig sein, dem *Wesen* der Lüge nachzugehen.

Jeder von uns, der mal gelogen hat – und wer hat das noch nicht –, lügt nicht aus dem Nichts heraus. Wenn wir lügen, verbirgt sich dahinter immer ein kleines Stück von Wahrheit. Gehört es doch zum Inhalt der Lüge, daß der Lügner über die Wahrheit, die er entstellt, im Bilde ist; gelogen wird stets mit Bezug auf etwas, was man weiß. Daher die übliche verfängliche Redewendung zu Beginn einer lügenhaften Aussage: «Ich will nicht etwa täuschen, denn was ich sage, das ist wahr, ich kann es beschwören» oder so ähnlich – eine Wendung, die man sich hüten würde, einer Arschkriecherei mit ihren Tücken vorauszuschicken. Wenn ich also vorbringe, daß man beim Lügen die Wahrheit kennt oder sie zu kennen glaubt, und man absichtlich etwas anderes sagt als das, was man weiß oder glaubt, wird dann streng gesehen nicht «in gutem Glauben» gelogen? Allerdings muß dann die Redefigur «guter Glaube» mit Zuverlässigkeit, Glaubwürdigkeit und Aufrichtigkeit untermauert sein; müssen Worte oder Handlungen darauf ausgerichtet sein, sich der Wahrheit dessen, was man ist oder denkt, zu unterwerfen. Davon kann jedoch bei der Lüge keine Rede sein, und deshalb bewegt sie sich stets im

Rahmen des «schlechten Glaubens», der Unzuverlässigkeit und Unehrlichkeit – und ist so frevelhaft wie die Kriecherei.

Aber will das heißen, daß jede Lüge schuld- und frevelhaft ist, man also niemals lügen solle bzw. dürfe? Nehmen wir ein Beispiel aus Deutschlands wenig ruhmreicher Vergangenheit. Während der mörderischen Nazizeit haben mitfühlende Menschen verfolgte Juden oder Widerstandskämpfer bei sich aufgenommen und versteckt. Unerwartet kommt die nach ihnen suchende blutrünstige Gestapo ins Haus. Was jetzt tun? Die Wahrheit sagen oder lügen? Angesichts dieser grausamen Schergen ist der Mensch doch geradezu dazu verpflichtet zu lügen: einmal um der Situation und seiner selbst willen, zum anderen um des Schutzes der Verfolgten willen. Wohlgemerkt, ich sage: «zu lügen». Denn die Lüge bleibt nicht weniger als das, was sie ist, nämlich eine absichtlich falsche, der Wahrheit nicht entsprechende Aussage. Jedoch, da in unserem Beispiel die Lüge ehrenhaft, ja gar heldenhaft ist, wird deutlich, daß Wahrhaftigkeit nicht, wie manche unserer von Kant angeführten Philosophen ausführen, eine absolute Pflicht zu sein hat. Geschieht die Lüge aus Mitleid oder um zu überleben, geschieht sie, um der Barbarei entgegenzutreten oder um einen Sterbenden zu trösten, dann ist sie hinsichtlich dessen, was man als wahr glaubt, eine Lüge in gutem Glauben. Das macht die Lüge allerdings nicht, wie man vermeinen könnte, zu einer Tugend, sie ist und bleibt ein Vergehen, eine Missetat, eine Nichtswürdigkeit – das einzige, was sie mit der Arschkriecherei gemeinsam hat, ohne ihrer notwendigerweise zu bedürfen.

Sehr oft werden Lüge und Heuchelei in einem Atem genannt. «Er ist ein Lügner und Heuchler» ist ein wohlbekannter Ausruf des Protestes und der Erniedrigung von seiten der Geschädigten. Auch öffentliche Stimmen schrekken nicht davor zurück, in Skandale verwickelte Volksvertreter ob ihrer Aussagen vor Untersuchungsausschüssen als Lügner und Heuchler an den Pranger zu stellen. Werden hier zwei an sich eigenartige Gegebenheiten nebeneinandergestellt oder wird Sinnverwandtschaft geltend gemacht? Letzteres scheint der Fall zu sein, wenn wir bedenken, daß es nur wenige sinnverwandte, wohl aber eine Menge sich annähernder Gedanken gibt, zumal unsere Ideen viel unvollkommener als die Sprache sind. Augenscheinlich liegt Heuchelei zumindest in der Nähe des Lügens, und deshalb findet sich wohl auch darüber in den diversen Synonymlexika, diesen unersetzlichen Wälzern, kein Wort. Erstaunlicherweise werden aber auch in gängigen Lexika die Stichwörter «Heuchelei» und «Heuchler» entweder schlicht übergangen oder definitorisch mit den kurzen Sätzen bedacht: «Heuchelei» = Laster, das darauf beruht, Gefühle oder Tugenden vorzugeben, die man nicht besitzt, und «Heuchler» = eine Person, die den Anschein von Redlichkeit, Tugendhaftigkeit, Sanftmut, Güte, Frömmigkeit, Großzügigkeit etc. vorgibt. Manches Mal fallen auch Hinweise auf Scheinheiligkeit und Vortäuschung von Aufrichtigkeit und Freundlichkeit.

Ich gestehe, daß ich bei meinen Wahrnehmungen über die Arschkriecherei mit diesen lakonischen Rückbeziehungen auf Tugenden, die man besitzt oder vortäuscht, nicht viel weiterkommen kann. Vor allem, wenn ich bedenke, an welche sozialen Erscheinungszustände sich Heuchelei alles anbinden läßt, als da sind: heuchlerischer Gesichtsausdruck, heuchlerische Redeweise und Ton, heuchlerische Ehrerbietung, heuchlerischer Eifer, bis hin zum heuchlerischen Gehabe, mit dem versucht wird, Intrigen zu verschleiern. Wäre es da vielleicht nicht besser, die Heuchelei in Verbindung mit Verstellung bzw. Verheimlichung zu bringen, zumal es genügend Menschen gibt, denen es unmöglich ist, in irgendeiner Sache den geraden Weg zu gehen? Jedoch hier würden wir einer oft begangenen Verwechslung zum Opfer fallen, die uns aus dem Gleise der Arschkriecherei wirft. Denn der Mensch, der sich verstellt, das heißt, dem es an Offenheit mangelt, verbirgt seine Ansichten, Meinungen und Überzeugungen, er bewahrt sein Geheimnis, sei es, daß er der Vorsicht oder der Notwendigkeit gehorcht. Der Heuchler hingegen umgibt seine Ansichten mit Falschheiten, bringt sie nach außen, täuscht durch seine Worte und Handlungen – bis ihm Erfolg die Maske fallen läßt.

Die Heuchelei war zu allen Zeiten ein Mittel, um Reichtum, Positionen, Beachtung, Bedeutung oder die Gunst der Mächtigen zu erwerben; überdies um Menschen zu schädigen und um sich selbst zu erheben. Wie kriecherisch sich die Heuchelei zu gebärden hat, zeigt sich deutlich, wenn sie im Mantel der Heiterkeit, der Leutseligkeit oder der Gutmütigkeit daherkommt – Handhabungen und Sitten, mit denen sie ihre Gefährlichkeit zu verbergen weiß. Überhaupt sind die sich auf Sitten und Sittlichkeit beziehenden Heucheleien die lasterhaftesten und kriecherischsten. Sie sind in unserer Gesellschaft geradezu zur Sucht gewordene Haltungen, die sich über alles entrüsten, was hergebrachte oder selbsterrichtete Sitten beeinträchtigen könnte.

Frage man sich doch einmal, wo sich Macht, Einfluß und Reichtum befinden, und alsbald kommen einem auf dem Weg zu den sie verkörpernden Idolen eine Menge von heuchlerischen Arschkriechern entgegen. Die Wissenschaft, die Philosophie, die Wirtschafts- und Finanzwelt, die Demokratie, die Diktatur und nicht zuletzt auch die Religion haben alle ihren kriecherischen Tartuffe, wie ihn uns Molière schon vor Jahrhunderten auf der Bühne vorgeführt hat. Nicht umsonst ist in die französische Sprache das Wort «Tartufferie» für Heuchelei eingegangen. Stellt doch Molière den Typ des frömmelnden Heuchlers vor, der an nichts glaubt und, mit kriecherischer Ergebenheit gewappnet, alle Arten von Niederträchtigkeiten begeht. Vortrefflich läßt sich sagen, die Heuchelei sei eine Huldigung, die das Laster der Tugend darbringe, doch in Wirklichkeit ist Heuchelei schon allein deswegen eine Form der Arschkriecherei, weil sie gleichzeitig die Interessen und die Selbstachtung desjenigen verletzt, der sie ausübt.

Als ich bei der Vorbereitung zu dem sich mit Lügen und Heucheln befassenden Kapitel nach den Alltagsformen der Arschkriecherei Ausschau hielt, um sie aus der Sicht des Soziologen zu erkennen, stieß ich auch auf die Gedankenverknüpfung *Schmeichelei*. Das brachte mich in Verlegenheit. Kenne ich mich doch gut genug, um zu wissen, wie empfänglich ich selbst für Schmeicheleien bin. Besonders wenn sie meine wissenschaftliche und schriftstellerische Tätigkeit betreffen. Aber was ist denn Lob bzw. zudringlich geäußerte Lobhudelei? Doch nichts anderes als eine geschickte, versteckte und feine Schmeichelei, die auf verschiedene Weise Absender und Empfänger befriedigt. Ich nehme sie als Belohnung für meine Verdienste entgegen, und der Absender spendet sie, um seine Rechtschaffenheit und Urteilsfähigkeit zu erweisen. Also heraus aus meinem Katalog arschkriecherischer Vorgänge?

Es wäre wahrlich unbesonnen, wenn wir nicht zugäben,

daß wir nicht schon einmal auf Menschen hereingefallen sind, die uns nicht als Schmeichler, sondern, wie der Volksmund abwertend sagt, als Schleimfritzen oder Speichellecker warnend angekündigt worden waren. Obwohl Schmeichelei rundum als eine falsche Münze gilt, steht sie, vor allem als Befriedigung der Eitelkeit, in hohem Kurs. So gesehen, enthält Schmeicheln wenig, an sich gar nichts an Arschkriecherei, sondern fällt mehr oder weniger in den Gesichtskreis alltäglicher Höflichkeitsbezeigungen, vordringlich frei von nutzenbringenden Elementen. Schmeichlerische Vorkommnisse werden im allgemeinen weder verachtet noch gehaßt, zumal sie im Grunde genommen armselig sind und keiner besonderen Klugheit bedürfen. Wohl aber wird die mit Arschkriecherei verbundene Schmeichelei verachtet und gehaßt. Das heißt, daß es mehrere, sich voneinander unterscheidende Arten von Schmeichelei geben muß. Verschaffen wir uns hierzu einen kurzen Überblick.

Schlechthin wird unter Schmeichelei ein Lob verstanden, das mit der Absicht in die Welt gesetzt wird, sich Sympathien zu verschaffen, indem man sich als angenehm, gefällig und ansprechend erweist. Indes, wenn Lob eingesetzt wird, um daraus Nutzen zu ziehen, gilt diese Handlung im allgemeinen als eine niederträchtige, beschämende oder widerwärtige Schmeichelei. Es bestehen also Unterschiede – nicht nur, ob sich Schmeichelei in gesprochener, geschriebener, gedruckter, gemalter oder gemeißelter Form äußert, sondern auch, ob schmeichlerische Äußerungen den Stempel der Arschkriecherei tragen oder nicht. Ein Beispiel: Der Porträtmaler, der seinem Modell eine in der Wirklichkeit nicht vorhandene Anmut verleiht, schmeichelt ohne hinterhältige Kriecherei. Hingegen genügt ein

Blick auf die Statuen von Kaisern, Königen und Feld-
herren, die in heroischen Haltungen unsere Plätze und
Brückenköpfe schmücken, um zu erkennen, daß sie in ihrer
kriecherisch schmeichelnden Gestaltung dem wirklichen
Erscheinungsbild nicht entsprechen. Ein weiteres Beispiel:
Ich war öfter bei einem bedeutenden, für seinen Geiz bekannten Wissenschaftler eingeladen, der seinen Gästen
stets den billigsten Rotwein aus Algerien aus mit Bor-
deaux-Etiketten beklebten Flaschen anzubieten pflegte.
Gesittet wurde das Glas erhoben, an der roten Flüssigkeit
gerochen, ein Schluck mit MM-Geschmatze genommen,
um dann dem einflußreichen Hausherrn schmeichlerisch
für seinen exzellenten Geschmack und seine vorzüglichen
Weinkenntnisse in den Arsch zu kriechen.

Auch die «negative» Schmeichelei muß Erwähnung finden, die sogenannte Freundschaftsbezeugung. Die kriecherische Absicht wird dort erkenntlich, wo ein Tadel ausgesprochen wird, der unweigerlich mit den Worten «Ich bin
kein Schmeichler und sage dir meine Meinung rundher-
aus» beginnt. Wie oft habe ich diese sich schlau dünkende
Schmeichelei schon erlebt, wenn in irgendeiner meiner
Schriften Fehler gerügt wurden, die mir beim ersten An-
blick völlig unbedeutend erschienen. Doch dann wurden
Stellen angeführt, von denen der Schmeichelfreund wußte,
daß ich mir gerade darauf etwas zugute hielt. Unter dieser
Maske des getreuen und mutigen Wahrheitsliebenden finden wir eine Menge von Arschkriechern. Und zwar sind es
diejenigen, die es angeblich «gut» mit uns meinen, um in
Wirklichkeit sich selbst ein «Gutes» anzutun.

Um ein letztes Beispiel für den elementaren Besitzstand
der schmeichlerischen Arschkriecherei anzuführen, erin-
nern wir uns jener unseligen Regimes, bei denen zu un-

ehrlichen schmeichelhaften Worten gegriffen wurde, um einerseits über die Gebieter Gutes zu sagen bzw. ihre Gunst zu erwerben, andererseits, um jede Sache mit dem Namen einer anderen zu verzeichnen: Beging der Herrscher unermeßliche Grausamkeiten, sagte man, er statuiere ein Exempel; für Anlässe und Tätigkeiten, die zu beanstanden und zu tadeln waren, erhielt er Dankesbezeigungen; wenn er seinen Feinden Tribut zollte, versuchte man ihn zu überzeugen, daß er seinen Nachbarn doch nur ein Ruhegeld zukommen lasse und somit seine Servilität in ein Zeichen von Überlegenheit verwandle; als mutig wurde er gelobt, wenn er den Anschein erweckte, er unterschreibe wider Willen einen Friedensvertrag. Die Schmeichelei verleiht dem nichtswürdigen Herrscher Erhabenheit und Größe; sie segnet ungerechtfertigte Herrschaft ab und wünscht Glück und Wohlstand den Bösewichten und Übeltätern. Wenn ich sage, daß Schmeichelei meist eine erheuchelte und damit eine kriecherische Handlung ist, deren man sich bedient, um andere zu unterwerfen, sehe ich im Schmeichler gleich welcher Sorte den Menschen, der seine Talente mißbraucht und nie die Wahrheit um ihrer selbst willen sucht.

Gewiß, so wie sich aus Reizen und Reaktionen Gewohnheiten ergeben, lieben wir alle den uns dargebrachten Weihrauch. Dennoch haben wir uns vor denjenigen zu schützen, die uns auf die grobe Art der Arschkriecherei einzuräuchern versuchen.

Intrige und Perfidie

Geheime Machenschaften

Pieter Brueghel d. Ä.:
Der Mann mit dem Geldbeutel und
seine Schmeichler (1568/69)

Die ghelt te gheuen heeft onder hooghe en slechte En dat hij daer mit laet van sinen schat druipen, Hij erghet essinen en comt tzijnen rechte, Want dick en weet niet hoe hem sal in tgat cruijpen.

On ne sait comme entrer on sort,
Au tron de til qui donne port.

Bei der Bestimmung des Verhältnisses von Lüge, Heuchelei und Arschkriecherei stieß ich auf Andeutungen, nach denen sich die Intrige bzw. das Intrigieren der Lüge bediene. Das hat mich aufhorchen lassen, denn bei der Zusammenstellung der verschiedenen Erscheinungsformen der Kriecherei war mir Intrige nicht in den Sinn gekommen. Habe ich hier vielleicht etwas übersehen, oder befinde ich mich auf dem Holzweg? Ich komme also schon allein um der soziologischen Sorgfalt willen nicht umhin, Aufschluß zu finden, ob und inwieweit Intrige bzw. Intrigieren als ein Verhaltensmuster mit dem Handlungsmuster der Arschkriecherei in Verbindung steht oder nicht.

Wo immer das Wort «Intrige» fällt, steht es nicht allein im Raum. Der Begriff wird bei der alltäglichen Nutzung stets in einen richtungweisenden Zusammenhang gebracht. Man spricht von «eine Intrige lenken oder durchschauen», von einer «gemeinen, niederträchtigen, persönlichen oder politischen Intrige», einem «intriganten Menschen» oder befaßt sich mit dem «Hintergrund einer Intrige» etc. pp. So durchdringend hierbei auch die Ausstrahlung des Bösewichtigen ist, es fehlt ein gemeinsamer Nenner, ein den mannigfaltigen Zuschnitten der Intrige gemeinsamer Bedeutungswert. Hier ist Vorsicht geboten, denn es gilt zu beachten, daß Intrige als Handlung ihren Bedeutungswert auch in der Gestaltung als Handlungsträger haben kann. Ist doch in vielen Dramen, Komödien, Opern (zum Beispiel in Rossinis «Barbier von Sevilla») die Verschwörung eines Teils der Figuren gegen eine andere

Figur ein wesentlicher Träger der Handlung. Das heißt literarisch-dramaturgisch gesehen, die die Handlung tragende Intrige besteht aus einer Aufeinanderfolge von Tatsachen und Vorgängen, die das Publikum in Spannung über den vom Autor vorgesehenen Ausgang der Geschichte versetzt.

Ganz anders ist es bei dem Bedeutungswert der uns interessierenden Intrige als einer Handlung. Sie ist, in aller Kürze gesagt, eine geheime Machenschaft, um irgendwelche Vorteile zu ergattern oder um jemanden zu schädigen. Sie ist ein hinterhältiges Vorgehen – zielgerecht wie die Arschkriecherei, eine Zweckideologie. Das will aber noch lange nicht heißen, daß Intrige bzw. Intrigieren, so verwerflich, so notwendig oder so nützlich sie im Alltag auch sein mag, so innig mit Kriecherei verbunden ist, daß wir das Intrigieren umstandslos unter die Variationen der Arschkriecherei einreihen können. Diesem Skrupel ist zu begegnen, indem wir uns Abstützungen verschaffen, die aufzeigen, unter welchen Voraussetzungen und in welchen gesellschaftlichen Zusammenhängen Intrige – mit oder ohne Kriecherei – in Erscheinung tritt.

Gefragt oder ungefragt schleichen auf leisen Sohlen in unser Leben oft Ratgeber ein. Sie treten meist dann auf, wenn sie erfahren haben, daß wir etwas tun oder lassen wollen, und geben unter dem Mantel der Aufrichtigkeit Meinungen zur Sache von sich. Sobald diese jedoch mit Kritik, Zurechtweisungen oder Lob («Du hast das Richtige getan») angefüllt werden, zeitigt sich bereits ein ungezwungener Vorsatz zur Intrige, der unweigerlich mit jener Art und Weise der Arschkriecherei verbunden ist, die wir als Schmeichelei vorgestellt haben – zumal der Mensch mit nichts so freigebig ist wie mit seinen Ratschlägen.

Ein weiterer Anreiz zur Intrige ist die menschliche Ge-
gebenheit, die wir *Neid* oder weniger bitter klingend Mißgunst nennen. Um zu keinen übereilten oder gesuchten
Schlüssen zu kommen, ist es geboten, den Bereich «Neid»
zu umschreiben. Neid ist eine Verdrießlichkeit und eine
Abneigung, wenn nicht gar Haß. Er birgt Empfindungen
in sich, die sich gegen das Wohlergehen, das Glück und den
Erfolg anderer Menschen richten. Es sind Regungen, die
Gefühl und Verstand anfallen, indem sie dazu führen, mit
Verbitterung und auch Trübsinn die physischen, sozialen
und intellektuellen Vorzüge anderer Menschen zu betrachten. Im allgemeinen offenbart diese begehrliche Eindringlichkeit einen niederträchtigen und abstoßenden Typen, der mehr oder weniger als tadelnswert angesehen
wird. Der nicht mit Wetteifer zu verwechselnde Neid ist
stets über das Wohlergehen, den Erfolg oder die Verdienste des anderen verdrossen und sucht sie herabzusetzen.

Nicht umsonst ruft der mich auf meinen Gedankengän-
gen begleitende Adolph von Knigge aus: «Rühme nicht zu
laut Deine glückliche Lage! Krame nicht zu glänzend
Deine Pracht, Deinen Reichtum, Deine Talente aus! Die
Menschen vertragen selten ein solches Übergewicht ohne
Murren und Neid.» Es ist festzuhalten, daß der Neid als
geistige Fähigkeit eine Kraft besitzt, die die Eigenschaften
des Menschen in üble Richtungen führt. Je nach den Umständen auch zu der mit Arschkriecherei verbundenen Intrige, wobei diese Umstände nicht nur zum Glück des oder
der anderen führen, sondern auch zu Kummer, Unglück
und Leid – umfassend gesagt, die Schwäche der anderen
nutzend. Schon allein auszurufen: «Ich kenne diesen
Mann; er ist mein Freund; er ist mehr wert als ihr alle zusammen», gibt die Richtung für kriecherisch-intrigantes

Verhalten an, diesem neidvollen Allheilmittel, dessen sich Prahler, Mißgünstige und Ränkeschmiede mit Vorliebe bedienen. Es stellt den Satz, daß es besser sei, Neid anstatt Mitleid herauszufordern, auf den Kopf.

Wer von Neid spricht, darf *Eifersucht* nicht außer acht lassen, diesen neidischen Verdruß, der angesichts der Vorteile oder der Nutzen anderer empfunden wird. Meistens hören wir von Eifersucht im Zusammenhang von Zuneigungs- und Liebesangelegenheiten, von der Furcht, daß eine geliebte Person die Liebe nicht erwidert und jemand anderes bevorzugt. Eifersucht wird uns hingestellt als die «Schwester der Liebe». Aber die Empfindlichkeit der Eifersucht kann sich auch auf die Ehre, die Würde, die Talente oder auf den Reichtum einer anderen Person beziehen. Wenn Eifersucht auftritt, verdirbt deren Verbitterung und Groll die Annehmlichkeiten des Lebens.

Indes, obwohl Eifersucht mit Neid umgeben ist, dient ihr Intrige mit ihrem Gehalt an Kriecherei als Heilmittel sehr wenig. Denn ihr Einsatz läßt das Licht auf die eigenen Einbildungen und Vermutungen zurückfallen, kann nicht überzeugen. So tragisch sich Eifersucht auch auswirken kann, ein Ausbruch ihrer Üppigkeit kann höchstenfalls zur Intrige *verführen*, nie aber primär der Anreiz zur bösen Tat sein.

Wie fürchterlich, grausam und nicht leicht zu versöhnen *Rache* ist, weiß ein jeder. In ihrer wesensmäßigen Beschaffenheit ist es aus Angst vor dem Unheil ihr Ziel, eine Verunglimpfung, eine Beleidigung, eine Mißachtung, kurzum eine Erniedrigung zu unterdrücken, zu bekämpfen bzw. zu bestrafen. Hierzu ist so gut wie jedes Mittel recht, ob Verleumdung, Gerücht, Zuträgerei, Anschuldigungen und auch Intrige. Aber, so haben wir uns zu fragen, bedarf es hierzu der Arschkriecherei? Ich glaube kaum, und zwar dann nicht, wenn es sich um eine *private*, eine nichtöffentliche Racheaktion handelt. Liegt es doch in der Natur der privaten Rache, daß der Rachenehmer stets der Schwächere ist. Und da ihm dieses Gefühl der Schwäche wie ein Ausgleich Kraft verleiht, bedarf das Rachemittel, für uns hier die Intrige, keiner Kriecherei.

Anders ist es jedoch um in aller *Öffentlichkeit* begangene Rachehandlungen bestellt. Was da an von Rachegelüsten geleiteten Intrigen gespielt wird – ob in Politik, Wirtschaft, Justiz oder behördlicher Verwaltung –, ist stets zumindest mit einem Hauch von Arschkriecherei im Sinne der von mir dargestellten Zweckideologie umgeben. Eine wohlbekannte Affäre aus vergangenen Zeiten soll uns hierüber beispielhaft Aufschluß geben. Im Mai 1895 wurde der englische Poet Oscar Wilde wegen «unzüchtiger Handlungen mit männlichen Personen» zu zwei Jahren Zuchthaus mit Zwangsarbeit verurteilt. Alles begann mit einer herausfordernd eingefädelten Intrige durch den Marquess of Queensberry, dem Vater des jungen Lord Alfred Douglas, der mit dem homosexuellen Dichter in einer intimen Freundschaft verbunden war. Schlecht beraten und von dem geliebten Lord Alfred mutwillig zur Anklage gegen den Vater, wegen Diffamierung, aufgestachelt, kam es zu Prozessen, die wie ein Skandal weit über England hinaus die Öffentlichkeit beschäftigten. Über der ganzen verhängnisvollen Angelegenheit – von der rachsüchtigen Intrige des Marquess über die Gerichtsverhandlung bis zur Verurteilung von Oscar Wilde – lag die dichte Wolke der prüden und zugleich heuchlerischen viktorianischen Moral und Lebensauffassung. Und, wie die Protokolle zeigen, lag man ihr, dieser «Öffentlichkeit», mit allen Finessen zu Füßen. Wie mit einem Schmiermittel wurde der Auslauf einer verlogenen Sittenstrenge unterstützt.

Noch weitere mehr oder minder bekannte Beispiele über das Zusammentreffen von Intrige, Arschkriecherei und öffentlichen Racheakten könnten angeführt werden, so unter anderem die «Affäre Dreyfus», ein Skandal der französischen Politik zwischen 1894 und 1914. In diesem mit allen möglichen Intrigen verbundenen Spionagefall wurde eine Öffentlichkeit hergestellt und genutzt, die mit kriecherischem Gehabe versuchte, auf der einen Seite Rache an der Partei der Militaristen, auf der anderen Seite an der der Antimilitaristen zu nehmen, und angesichts der Tatsache, daß der Kapitän Dreyfus Jude war, überdies Antisemitismus zu schüren.

Doch genug des Bösen und seiner Geschichte. Wie wir gesehen haben, tritt Intrige nicht notwendigerweise im Verbund mit Arschkriecherei auf. Im Grunde genommen ist Intrige doch nur eine armselige Klugheit, die dann zum Mittel der Kriecherei greift, wenn ihr ein Vorteil in Aussicht steht. Kein Zweifel kann darüber bestehen, daß es manchen Menschen einfach unmöglich ist, in irgendeiner Sache den geraden Weg zu gehen. In allen ihren Unternehmungen, selbst in den unschuldigsten Handlungen, mischen sich Intrigen ein, gleich, ob wir diese Untugend, nachsichtig gesagt, nur als Ränke, als Finten, als Schadenfreude oder als Zweizüngigkeit ansehen. Stets geht es darum, mehr zu bekommen, als man schon hat – mit oder ohne die Erniedrigung durch Arschkriecherei.

Mit der Sorgfalt des Wissenschaftlers unternahm ich einen Streifzug durch die Literatur zum Thema «Intrige» und kam hier und dort dem in der heutigen Alltagssprache nur noch selten verwendeten klangvollen Begriff «Perfidie» entgegen. Ich fragte mich, ist Perfidie das gleiche wie Intrige oder hiervon eine Abart? Schnell stellte sich heraus, daß es weder das eine noch das andere ist, wenn von einer perfiden Frau, einem perfiden Liebhaber, einem perfiden Freund oder vom perfiden England gesprochen wird. Sicher, wenn wir, zu einem französisch-deutschen Lexikon greifend, dort die Erläuterungen «Heimtücke», «Hinterlist», «Treulosigkeit», «Niedertracht» finden, läßt sich wohl über das Gemeine und das Böse eine Brücke zur Intrige finden.

Jedoch, wenn wir von einem perfiden Lächeln oder Schweigen, einem perfiden Schwur oder Streich sprechen, geht es dann nicht um mehr als um den Gewinn von Vorteilen durch das Spiel mit der Intrige? Ja, in der Tat, ob als Heimtücke, Hinterlist, Treulosigkeit oder Niedertracht hingestellt, die Sinndeutung eines jeden dieser Begriffe läßt erkennen, daß hinter ihnen jeweils ein Vorhaben steht, nämlich das des Schädigens oder des Verletzens. Das heißt: Perfidie setzt sich zusammen aus dem Vorsatz, Böses zu tun, und dem Mißbrauch jeder Art von Vertrauen. Als eine Täuschung der gesamten Person versteckt sich die Perfidie stets hinter einer anziehenden, liebenswürdigen Erscheinung – einer Arschkriecherei, das einzige, was sie mit der Intrige gemeinsam hat.

Liebe

Mächtiger als der Mensch

Franz Kafka:
Bittsteller und hoher Gönner

Ich habe lange gezögert, die Liebe, diese ewige Wahrheit, in den Umkreis der Arschkriecherei, dieser düsteren Mißlichkeit, zu versetzen. Verletze ich hierdurch nicht das Gefühl, welches die Seele hinführt zu dem, was ihr als gut, schön oder wahr erscheint; zertrample ich nicht die Regung des Herzens gegenüber einer Person, die uns anzieht, die tiefdringende Zuneigung für die Menschen und die Dinge? Ich fürchte, ja. Doch wenn ich mit ansehe, was man alles dieser allumfassenden Wesenhaftigkeit des Menschen antut, verläßt mich die Furcht, und ich mache mir die Maxime Goethes zu eigen, zu untersuchen, was ist, und nicht, was behagt. Außerdem, ist es nicht wunderschön, in das Reich der Liebe vorzudringen, haben sich nicht umsonst die Großen unter den Denkern von jeher mit der Liebe beschäftigt, weil Amors Pfeile auch sie, wie einen jeden unter uns, schon einmal getroffen haben?

In der Antike sahen viele Philosophen in der Liebe ursprünglich nur ein körperlich-sinnliches Verlangen. Sie setzten dieses wertvolle Gut auf den gleichen Piedestal, um den sich heutzutage noch viele der uns als die eigentliche Liebe vorgesetzten Liebesgeschichten in Schrift, Bild oder Ton ranken. Doch schon Sokrates, Platon, Aristoteles und Plutarch sahen in der Liebe weitaus zartbesaitetere und erhabenere Gefühle. Wie ein Standardwerk lesen wir Platons berühmte Schrift «Das Gastmahl» mit ihrer Darlegung über eine nicht sinnliche, idealisierte Liebesbindung, deren Empfindsamkeit auf Erden nur einen unvollkommenen Versuch oder einen fahlen Widerschein findet.

Skizzenhaft, wie meine Ausführungen sein müssen, rükken wir an das Ende des Mittelalters vor und finden die Philosophen Descartes und Spinoza, für die die Liebe eine heftige Leidenschaft ist, die der Mensch nur durch den Einsatz der Vernunft beherrschen kann, wodurch sie sich in ein klares und glückliches Bewußtsein umgestaltet. Nicht übergehen dürfen wir Mystiker wie St. Augustin oder Pascal, für die alle Liebe auf die Liebe Gottes zurückgeht, denn es gibt nur eine Liebe, die die letzte Erklärung aller Dinge ist. Anzuführen sind noch Schopenhauer und Nietzsche, die in der Liebe eine vom Genius der Spezien gesetzte Falle sahen, auf daß das Leben fortbestehe. Zu guter Letzt lassen wir noch den englischen Sozialphilosophen Herbert Spencer sprechen, der den Elementen, aus denen sich die Liebe zusammensetzt, nachging. Und zwar sind dies nach seiner Ansicht: Zuneigung, Bewunderung, Verlangen nach Anerkennung, Selbstachtung, das Empfinden und das Vergnügen an Besitz, Genugtuung über eine breitgelagerte Handlungsfreiheit und Überschwenglichkeit der Sympathie.

Ach, was sind das alles für schöne Worte. Aber ist dieser Wortschatz nicht reichlich armselig und recht abgedroschen? Selbst Poeten verzweifeln so manches Mal daran, den Gebärden und Kennzeichen der Liebe den rechten, will sagen, nicht den stets sich wiederholenden und daher monotonen Ausdruck zu verleihen. Und erst recht die der dramatischen Vorstellung fernbleibenden Philosophen. Von mir aus mag es als rückständig gelten, wenn ich ohne Bedacht psychologischer und psychoanalytischer Erklärungsgründe in der Liebe für den Liebenden oder die Liebende eine edelgesinnte und unermeßliche Eingebung sehe, während sie für den der Wirklichkeit entgegentretenden Naturalisten eine dünne Verschleierung und Vorspiel für die Selbstbehauptung von Begierde ist.

Es heißt, ungestillten Spekulationen ein Ende zu setzen, wenn wir, so schwer es auch fallen mag, zugeben, daß Liebe zum einen einer triebhaften Grundlage entspringt, zum anderen ein ideales Ziel verfolgt. Da diese beiden Anhaltspunkte im allgemeinen als gegensätzlich angesehen werden, wagen es Liebedeuter oder Liebeerzähler nur selten, mehr als die Hälfte der Wahrheit vorzulegen, und lassen dabei auch noch ihre wirklichkeitsgerechten gesellschaftlichen Bezüge außer acht.

Ich habe Bedenken, daß mich meine Ausführungen auf eine zwischen Liebe und Begehren liegende Gratwanderung führen werden, bei der Arschkriecherei nur ein aufgepfropftes und damit unwesentliches, wenn nicht gar albernes Abfallprodukt sein kann. So beispielsweise bei von Vertretern der Tugendlehre mit Vorliebe aufgenommenen Themen wie «Liebe und Einsamkeit», «Liebe und Übersinnlichkeit», «Liebe und Tod», «Liebe der Liebe», «Liebe und Mißlingen» und nicht zuletzt «Liebe als ein Schein von Moral». Davon gilt es sich zu befreien, um nicht fern vom Alltag der gelebten Liebe auf dem Abstellgleise nicht erfahrbarer Gründe und Zusammenhänge des Seins zu landen. Wenn ich es schon wage, die Liebe, dieses süße Ungemach, in die Rufweite der Arschkriecherei zu bringen, muß ich mich vor Gefühlsduselei hüten, kann nicht die Liebe kurzab als ein Erlebnis hinstellen, das die Seele den sanftesten Empfindungen öffnet und den Menschen verinnerlicht.

Es steht doch noch nicht einmal fest, ob bei der zu erlangenden oder der zu zerstörenden Liebe Kriecherei als ein Mittel, in welcher Form auch immer, eingreift und – was mir als das Wesentliche erscheint – wogegen sie sich richtet. Etwa gegen die Liebe als solche? Das kann doch wohl nicht sein, wenn wir uns noch einmal die einleitenden Worte zu diesem Kapitel ins Gedächtnis rufen. Allerdings lassen sich im Alltagsverhalten zumindest *Andeutungen* von Kriecherei erkennen, sei es zu Zwecken des Erlangens oder des Zerstörens einer Liebe. Ob sie im positiven oder negativen Sinne erfolgreich sind oder nicht, soll uns ebensowenig bekümmern wie die Frage, ob sich die Manipulatoren ihrer Eigenschaft als Kriecher bewußt sind. Lassen Sie mich einige wenige dieser nützlichen oder nachteiligen Umstrickungen kurz anführen, wie sie uns selbst als Liebende vermutlich schon entgegengekommen sind.

Beginnen wir mit jener Zeit der Irrungen, in der Briefe, Verheißungen, Sehnsüchte, Beschwörungen, Tränen und Enttäuschungen an der Tagesordnung sind. Zärtliche Seufzer oder klägliche Verleumdungen werden eingesetzt, um Gunstbezeugungen zu erreichen. Leichtfertig werden übereilte Eheversprechungen gemacht, bei denen im Hintergrund schon Eifersucht und Untreue ihr häßliches Gesicht zeigen mögen. Reize, Verführung, Schmeichelei, Neugierde werden erprobt, um Habsucht, Eitelkeit oder Sinnlichkeit zu befriedigen. Mehr noch und weitaus feinsinniger: es werden Gefälligkeiten ohne größere Gegenforderung erwiesen; Treuherzigkeit, Sanftmut ohne ein Zeichen von Schwäche werden an den Tag gelegt, Schwung, der weder ins Süßliche noch Abenteuerliche fällt, Bescheidenheit ohne Schüchternheit, körperliche Gewandtheit, Schutzbedürfnis bis hin zu unterhaltsamem zärtlichem Gewäsch.

Diese Auswahl ist noch durch einige Merksprüche zu ergänzen, die, um allen Mißverständnissen zu entgehen, hervorheben, daß es mir nicht darum geht, *von außen* auf Liebende zukommende bindende oder zerstörende, große oder kleine Kriechereien aufzuzeigen, sondern ausschließlich solche, die sich *im Inneren* eines Liebesverhältnisses innerhalb dieser Beziehung abspielen. Hierzu haben der ungeläuterte Volksmund oder die Tiefgründigkeit kluger Köpfe Aussagen wie die folgenden gemacht:

– Gegen die Liebe gibt es gar viele Mittel, aber keines ist unfehlbar.

– Es gibt kaum Menschen, die sich nicht schämten, einander geliebt zu haben, wenn sie sich nicht mehr lieben.

– Es gibt nur eine Liebe, aber tausend verschiedene Abbilder von ihr.

– In der Liebe kaum zu lieben ist ein sicheres Mittel, geliebt zu werden.

Die Purität dieser und mancher ähnlicher Beteuerungen verschließt bei der Liebe – erkennbar in der Beziehung zwischen zwei Menschen, genannt das Liebespaar – die Tore zur Arschkriecherei. Wenn dem so ist, und wenn der Voltairesche Satz gilt, daß unter den Leidenschaften die Liebe die allerstärkste ist, da sie zu gleicher Zeit den Kopf, das Herz und den Körper anfällt, dann müssen wir uns fragen, worauf denn *diese Kraft des Widerstehens* beruht. Etwa auf mythologischer oder religiöser Eingebung oder auf einer enigmatischen romantischen Liebesauffassung, nach der «die Liebe deute, was die Liebe spricht» (Shakespeare)? Ich halte dies für eine überschäumende Frage, die uns wegführt von Träumen über die Liebe, die, obwohl sie ohne Objekt sind, das Herz verzehren oder erschlaffen.

Indem wir uns beim Thema «Liebe» vordringlich jener

Konstellation zuwenden, die schlechthin als «das Liebespaar» angesprochen wird, stellen wir uns in die Mitte ewiger menschlicher Gegebenheiten, bei denen Schicksal und Zwangsläufigkeiten eine belangreiche Rolle spielen. Herauszufinden ist, ob sich unter diesen Zwangsläufigkeiten auch die Zweckideologie der Arschkriecherei in der einen oder anderen Form und Ausrichtung bemerkbar macht und ob ihr Eindringen in die Mitte einer Condition humaine mit Erfolg oder Scheitern gekrönt sein wird.

Jede Annäherung an eine menschliche Beschaffenheit wie die der Liebe ist das Erfassen eines Mikrokosmos der menschlichen Existenz, in dem sie sich verfestigt. Dieses Erfassen setzt zum einen die Erkenntnis der *Verselbständigung* der Beschaffenheit voraus, durch die sich sowohl Antriebe wie Seinsweisen erhöhend oder erniedrigend vergeistigen. Zum anderen ist bei der Annäherung zu erkennen, daß der Mikrokosmos insofern die *Vergesellschaftung* der Liebe in sich schließt, als damit eines der Fundamente des menschlichen Soziallebens berührt wird. Liebe im freischwebenden, luftleeren Raum ist kein darstellbares, bestenfalls ein zum Nachsinnen geeignetes Thema. Es heißt diese beiden in Spannung zueinander stehenden Vorgänge – Verselbständigung und Vergesellschaftung – verkennen, wenn darauf bestanden wird, daß das Soziale der Liebe dem Sexuellen entspringe, während die Wirklichkeit des Alltags zeigt, daß sich das Sexuelle der Liebe des Sozialen bedient. Wir sehen dies in aller Deutlichkeit, wenn Roman- oder Theaterdichter, ebenso wie Philosophen, Psychologen oder Soziologen, in ihren Betrachtungen von der Prämisse der sogenannten «Liebe auf den ersten Blick» ausgehen – und nichts anderes tun können, als es dabei zu belassen. Es kann sich nämlich dann der Mikrokosmos der

Liebe im Liebespaar ebensowenig verkörpern, wie wenn von der Gleichung von Liebe und Tod oder, angesichts unseres Themas, von Liebe und Arschkriecherei ausgegangen wird.

Wer dem Spiel der Liebenden in der Wirklichkeit des Alltags zusieht, entzieht sich dieser verwickelten Situation, indem er sie mit zur Verfügung stehenden Eigenschaftswörtern versieht: beispielsweise ideale, wahre, erotische, emanzipierte Liebe oder zerstörende, verführerische, anmaßende und auch arschkriecherische. Mit diesen und anderen Richtungsanzeigen wird jedoch nur an mehr oder minder geradlinig verlaufende Gefühlsregungen appelliert, die ihre Rechtfertigung dort finden, wo im Angesicht des Liebespaares von der Liebe schlechthin und schlicht als von einem Gefühl gesprochen wird. Dieser Sinneswahrnehmung haben sich nicht nur die Poeten bemächtigt, nicht nur die seelenlesenden Experten, sondern auch die im engeren oder weiteren Umkreis des Liebespaares lebenden, mehr oder minder an ihm interessierten Menschen. Es werden in das durch das Liebespaar veranschaulichte Liebesgeschehen Gefühlszüge und Elemente, so unter anderem Kriecherei, hineingelesen oder von ihnen abgeleitet, die über das Real-Erfaßbare der Zurschaustellung hinausgehen. Das entspricht allerdings ebensowenig dem rationalen Geschehen als der Unterlegung oder Aufdeckung sexualwissenschaftlicher Gefilde der im Liebespaar aktiven Liebe.

Liebespaare sind ebensowenig wie die Liebe Konstruktionen, sie sind keine Kunstfiguren. Sie befinden sich in Situationen und sind ihnen ausgesetzt, die ihnen *Kräfte* verleihen, ohne die sie zu hohlen Marionetten würden. Nicht alle diese Kräfte können hier aufgezeigt werden. Wir werden uns stichwortartig auf die Anführung der wesentlichen zu beschränken haben, nicht ohne anzumerken, daß sie sich überschneiden, vielfach auch ineinander übergehen.

1. An erster Stelle steht die *thematische Kraft*. Eine jede Situation enthält eine dynamische Stoßkraft, die in einer Person oder, wie in dem uns interessierenden Fall, in zwei Personen Gestalt annimmt. Diese entwicklungsbedingte Kraft – wie beispielsweise bei den klassischen Liebespaaren Romeo und Julia oder Tristan und Isolde – läßt sich als eine elementare ansehen. Sie ist dazu angetan, den Verlauf der aus der Ausgangssituation entstehenden Verwirrungen zu lenken. Dabei kann sie ebensogut auf Verkennung, Verwechslung, Furcht, Ehrgeiz, Klassenunterschiede, Kriecherei und natürlich auch auf Liebe beruhen. Sie führt in unterschiedliche Folgebereiche, die von der Kabale bis zum Happy-End reichen.

2. Damit die thematische Kraft Konturen annimmt, bedarf sie eines Hindernisses bzw. eines Widerstands: die *gegnerische Kraft*. Bei ihr handelt es sich jedoch nicht um ein personenbezogenes Rivalitätsgefüge durch eine dritte Person, sondern um einen Widerstand zwischen den Liebenden selbst. Das ist der Fall, wenn Unterschiede in Herkunft, Stand, Vermögen, Erziehung das Liebesgeschehen überragen. Überdies aber auch, wenn die Entfaltung des Wesens der Person, sich in Freiheit und Harmonie zu gebärden, behindert wird. Auch hierbei sind kriecherische Vorgänge einsetzbar.

3. Bei der Entstehung eines Liebespaares spielt gewiß der Wert der begehrten Person eine Rolle. Es wird die Vorstellung von diesem Wert, die *wertende Kraft*, der thematischen Kraft hinzugefügt. Meist sprechen wir hierbei

kurzum von der Darbietung eines herbeigesehnten Glücks. Es kann sehr wohl über den Mikrokosmos der Liebe hinausgehen. Das heißt, wo immer die in der gleichen Person versinnbildlichte wertende Kraft in Erscheinung tritt, wird je nach der Situation das Glück im Heil oder im Tod, in der Aufopferung, in der religiösen Erleuchtung, im Wohlstand oder in der Erfüllung eines Dranges gesucht und gefunden. Es ist augenscheinlich, daß hier dem Einsatz von Kriecherei, selbst nur einer diesbezüglichen Andeutung die Tore verschlossen sind.

4. Die Dynamik der Situation «Liebespaar» verlangt wie eine jede zwischenmenschliche Sachlage nach einer Balance, vor allem, wenn sie von Unentschlossenheit, Ungewißheit, dazwischentretenden oder ausweglosen Umständen gegeben ist. Dieser *ausgleichenden Kraft* kommt es zu, eine Gleichgewichtslage herzustellen, der Situation das Gute oder das Schlechte zuzuweisen, Ersehntes zu fördern oder Unheil zu verhindern. Meistens am gütigen, bösartigen oder haßerfüllten Auseinandergehen des Liebespaares aufgezeigt, werden durch die ausgleichende Kraft ohne einen Schatten von Kriecherei alle anderen Kräfte wieder aufgenommen und ihrem Ziel entgegengeführt.

Nun glaube man nicht, es handle sich bei den von mir angeführten, das Liebespaar und die Liebe betreffenden Vorgängen um eine abstrakte Analyse der Kräfte, die den Mikrokosmos der Liebenden entfachen, ermuntern und zugleich Widerstände gegenüber Arschkriecherei hervorbringen und eingliedern. Es geht hier nur darum, aufzuzeigen, daß wir als Betrachter des Liebespaares mit bestimmten Kräften in Verbindung mit realen menschlichen Situationen zu rechnen haben. Immer wieder wird der sich in einer von Liebe bestimmten Konstellation befindende Mensch von den die Situation bestimmenden Kräften gesteuert: Die Situation wird mächtiger als der Mensch. Genügt doch schon ein der ausgleichenden Kraft entströmendes Wort oder eine Geste, um brüsk den Gleichgewichtszustand zwischen den Liebenden zu stören und zu einem glücklichen oder unglücklichen Ende zu führen. Ein jeder von uns kann sich in Situationen befinden, bei denen der eine oder andere Teilnehmer plötzlich gegnerische oder ausgleichende Kräfte aufbringt, die unser Schicksal lenken. Entweder unterlassen wir es zu handeln, oder wir versuchen die Situation zu lenken, indem wir die Aktion zunichte machen, oder wir werden uns ohne jedwede kriecherische Hintergedanken jener treibenden Kräfte bewußt, wie sie von mir dargetan wurden.

Es müßte also so sein, daß, wie ich schon mehrfach angedeutet habe, mit Bezug auf Liebe als einer «ewigen Wahrheit» und dem Liebespaar als einem «ewigen Typ» kein Raum für Arschkriecherei bzw. einer Andeutung hiervon vorhanden ist, da zwingende Kräfte dies verhindern. Diesem erfreulichen Ergebnis läßt sich jedoch entgegenhalten, daß ich mich bei meinen Betrachtungen zu sehr von der Empfindung als verpflichtendem Ausgangspunkt und von der Intellektualisierung als möglichem Endpunkt habe leiten lassen; daß die sich im Liebespaar verkörperte Repräsentation der Liebe als *ästhetische Emotion* übergangen wurde. In der Tat, hierüber muß noch gesprochen werden, alldieweil sich in dieser Richtung noch Räume für Kriecherei auftun könnten.

Dabei haben wir davon auszugehen, daß die ästhetische Emotion kein Sentiment sui generis ist: sie ist weder alleinig noch direkt, noch konstant. Vielmehr steht bei ihrer Verkörperung eine Vielfalt von spezifischen Sentiments vor uns, von denen ein jedes im Rahmen der Wahrnehmung ästhetisch werden kann – soweit sich seine Repräsentation unter gewissen Bedingungen erprobt. Fragt sich, welches diese «gewissen Bedingungen» sind, unter denen eine Empfindung – für uns hier die der Arschkriecherei – ästhetisch und damit sozial-kulturell bestimmend für die Identität der Erscheinung wird. Es geht also um die sich zwischen den die Liebe verkörpernden Liebenden abspielenden *Empfindungsäußerungen*, die über sozial und kulturell erworbene Werte und Spannungen zum Ausdruck kommen. Die angesprochenen «Bedingungen» werden zu «Sachlagen», die durch ihre Doppelbödigkeit von Sein und Schein der Kriecherei zumindest die Gelegenheit verschaffen, sich bemerkbar zu machen.

Von diesen doppelbödigen, sich gegenüberstehenden Sachlagen, in deren Mitte sich Empfindungsäußerungen kriecherischer Natur bewegen können, sind anzuführen:

– *Vergnügen* und *Mißvergnügen* können zu Äußerungen führen, bei denen sich Wohlbefinden mit Besorgnis, Freude oder Entsetzen in Wechselwirkung gegenüberstehen.
– Das *Reale* und das *Unreale* stehen sich gegenüber, wobei unter dem Unrealen das Nachgeahmte, das Unaufrichtige oder das Gekünstelte zu verstehen ist.
– *Interesse* und *Interesselosigkeit* treten nach vorne, je nachdem, ob gewisse Tragweiten des Liebesgeschehens zu Leidenschaft führen oder ob sie gezügelt wird.
– *Wahrheit* und *Täuschung* stehen miteinander in einem gegensätzlichen Verhältnis, wenn dem Liebesgeschehen keine absolute Bedeutung zugesprochen wird.

– *Gegenwärtigkeit* und *Abwesenheit* stehen in einer Wechselwirkung, wenn das Liebesgeschehen auf Selbstverständlichkeiten beruht, die in der Realität bereits der Ungegenwärtigkeit verfallen sind.

Was in diese Spannungsverhältnisse an Arschkriecherei eingebracht werden kann, ist schwer zu bestimmen, zumal es sich nur um Möglichkeiten handelt. Im übrigen wird dort, wo sich mit einem nicht zu messenden Grad Liebe noch vorfindet, die eine oder die andere Seite des Paares versuchen, den mit kriecherischen Mitteln hervorgerufenen Gegensatz durch den Einsatz von im Augenblick des Geschehens nicht nachvollziehbaren gefühlsbetonten Elementen zu überwinden.

In Ansehung unserer nachhaltigen Betrachtungen bleibt noch einmal hervorzuheben, daß Arschkriecherei als eine aufs Positive oder aufs Negative ausgerichtete *Zweckideologie* nicht mit Liebe als ewiger Wahrheit noch mit dem Liebespaar als ewigem Typ in Verbindung gebracht werden kann. Sie können nicht zum vergänglichen Objekt absoluter oder spezieller Gefühle gemacht werden. Es gilt Nietzsches Aussage: «Was aus Liebe getan wird, geschieht immer jenseits von Gut und Böse.»

Familienleben

Das Tor zum Glück

Alfred Kubin:
Adoration (um 1900)

Ich könnte mir vorstellen, daß man mich nach der Lektüre des vorhergehenden, unter der Überschrift «Liebe» stehenden Kapitels eines Täuschungsmanövers zeihen wird, daß ich vom Thema «Arschkriecherei» weit abgekommen bin. Dem entgegne ich, daß es von mir ein unverzeihlicher Fehler gewesen wäre, nicht auch einen Lebensbereich vorzustellen, der, eben weil er wie die Liebe einer der wenigen ewigen Wahrheiten ist, über mehr Kräfte verfügt, als es der Kriecherei gegeben ist. Der gemeinhin als mißtönend entgegengenommenen Singweise der Arschkriecherei mußte ein Kontrapunkt entgegengesetzt werden, um sie nicht ihres allzumenschlichen ebenmäßigen Gebarens zu berauben. Insbesondere der Soziologe als Beobachter, Analytiker und Hilfeleister in Angelegenheiten gesamtgesellschaftlicher Erheblichkeiten darf nie der Einseitigkeit verfallen und nur das Schlechte, das Böse, das Verdammenswerte in unserer Welt sehen. Er hat sich auch dem Guten, dem Nützlichen, dem Lobenswerten zuzuwenden. Und so gedenke ich auch fortzufahren, wenn ich jetzt die Arschkriecherei in ihrer Tauglichkeit oder Untauglichkeit im Rahmen der Familie unter die Lupe nehme. Wir haben uns darüber im klaren zu sein, daß der Mißbrauch der Arschkriecherei den erlaubten Gebrauch dieser Kunst nicht aufhebt.

Die Familie, die aus Vater, Mutter und Kindern bestehende Gruppierung, ist die elementarste und natürlichste der menschlichen Bindungen. Im Laufe der Jahrhunderte hat sie sich in ihrer Struktur demokratisiert: Aus einer absoluten Monarchie ist eine demokratische geworden. Zwar gilt der Mann nach wie vor als der Chef der Familie, doch verfügt er nicht länger über solch große Befugnisse wie ehedem. Auch die Frau ist nicht länger die Unfähige, als die sie einstens angesehen wurde, steht nicht länger unter der Verpflichtung, ihrem Gatten zu gehorchen, sondern hat zu den Bürden der ehelichen Gemeinschaft nach ihren Möglichkeiten beizutragen. Über Einzelheiten und Folgen dieser Allgemeinheit wachen der Staat mit eigens hierfür eingerichteten Familienministerien, der Gesetzgeber mit einem speziellen Familienrecht, offizielle und offiziöse Familienbeauftragte sowie Dutzende von privaten Beratungs-, Versorgungs- und Schutzorganisationen: Der hohe Stellenwert der Familie für das Gesamtergehen und Gesamtwohl der Bevölkerung ist unumstritten.

Es versteht sich von selbst, daß sich auch Humanwissenschaften unterschiedlicher Ausrichtung um die fundamentale Institution «Familie» bekümmern, darunter auch die Soziologie. Das Betätigungsfeld der sogenannten «Familiensoziologie» hat eine fast schon nicht mehr zu übersehende Ausdehnung gefunden. Sie reicht von der Entstehung der Familie über ihre Funktionalität und Dysfunktionalität, Organisation und Desorganisation, über Heiratsordnung, Monogamie, Partnerbeziehung bis hin zu Arbeitsteilung, außerehelichen Beziehungen und Scheidung. An diese und andere durchaus gesellschaftsrelevante Problemkreise kann und will ich mich mit meinem Bestreben, Auskunft über die menschliche Gegebenheit der Arschkriecherei zu geben, nicht anbinden. Sie vermitteln mir nämlich keine Einsicht in das Alltagsgeschehen zwischen den Familienpartnern, Mann und Frau, ob nun unter dem Schirm der Ehe oder dem einer Gefährtenschaft. Es geht mir nämlich nicht darum, den Erhalt oder die Zerstörung der Institution «Familie» durch Kriecherei aufzuzeigen, es geht mir um das *Familienleben*. Zu sehen ist auch, falls Arschkriecherei, in welcher Form auch immer, in der familiären Lebensbeziehung ihr Haupt erheben sollte, welche Beweggründe dahinter verborgen sein mögen.

Wird vom Familienleben in seinem idealen Erscheinungsbild gesprochen, dann heißt es, es müsse von Harmonie, von einem harmonischen Klima geprägt sein. Mit Ausnahme von unmutwilligen Menschen ist dieser Vorsatz einem jeden Paar zu eigen, das sich zu einem Familienleben zusammengeschlossen hat. Im Schoße der Familie, so lautet die schickliche Paraphrase, findest du heimelige Wärme und Geborgenheit. Zwar mag es sehr wohl der Wunsch sein, diese Turteltaubensituation aufrechtzuerhalten, doch ein Leben ohne Reibereien und Streit, kurz, ohne Konflikte, muß noch gefunden werden.

Immerhin werden Menschen des guten Willens mit Familiensinn stets nach Mitteln und Wegen suchen, Konflikte auszuräumen, und mögen sie nur auf Gefühlsregungen beruhen. So banal es auch klingen mag, der über dem Familienleben schwebende Leitspruch lautet: «Ich möchte meine Ruhe haben.» Zur Beilegung von die Ruhe des Familienlebens störenden unvermeidlichen Konflikten werden von Beratungsstellen und insbesondere populären Eltern- und Familienpostillen mannigfache gutgemeinte Ratschläge gegeben. Verfolgt man sie in ihrer Tendenz, stellt sich alsbald heraus, daß der Großteil der Ratschläge in der Richtung von *Beschwichtigungsanleitungen* verläuft, die sich auf Anmahnungen stützen, die eher der Unverbindlichkeit als der Vernunft Ehre machen. Steht die eine Anleitung unter dem Motto «Gesundheit ist ein schätzbares

Gut», besteht eine andere auf dem goldenen Wort «Jeder ist sich selbst der Nächste», gar nicht zu sprechen von platten Gemeinsprüchen wie «Durch Schaden wird man klug» oder «Was lange dauert, wird gut». Logisch, daß bei solchen allgemeinbegrifflich gefärbten Vorgaben arschkriecherische Momente keinen Platz finden. Schließlich soll ja im Familienleben eine etwaige Krise beschwichtigt und, da es sich um ein schätzenswertes Gut handelt, nicht durch ein allgemein als demütigend angesehenes Mittel wie die Arschkriecherei beschmutzt werden.

Die Erfolgsquoten dieser Hilfs- und Beratungsstätten, an denen kirchliche und karitative Einrichtungen ebenso wie Sozialarbeiter, Psychotherapeuten und selbsternannte Familienschutzgruppen teilhaben, sind, soweit man weiß, gering. Würde ansonsten seit Jahren mit gerechtfertigtem Bedauern beklagt, daß in Deutschland jede dritte Ehe geschieden wird, daß immer weniger und immer später geheiratet wird, und wenn, dann vielfach nur wegen der Steuervergünstigungen? Ist es schon so weit gekommen, daß das Eheleben bzw. das Familienleben über alle kalte Vernunft hinaus als eine Sklaverei angesehen wird, wie sie uns der verdrossene August Strindberg in seinen Bühnenwerken erleben läßt? Daran kann ich nicht glauben, auch wenn es sich nicht statistisch erfassen läßt, wie viele «glückliche Ehen» und «glückliche Familienleben» bestehen. Gewiß, die immer wieder verkündete Ansicht, die Ehe und das Familienleben seien selbstregelnd das Tor zum Glück, ist ein Mythos. Nicht aber die Anstrengungen, die gemacht werden, um zumindest ein Korn dieser mythischen Sehnsucht in die Wirklichkeit des Alltags zu pflanzen und zu erhalten.

Es wäre geradeaus weltfremd, wenn nicht zynisch, über

das Familienleben in idealistischen Tönen zu schwelgen. Wo gibt es schon ein Zusammenleben ohne Unzufriedenheit und Zwistigkeiten, gleich, ob es auf Hilfe, Rat, Aufmerksamkeit, Unterhaltung, Vergnügen, Trost und andere Bedürfnisse ausgerichtet ist? Wo gibt es ein Familienleben, das nicht durch Fehler und Launen beeinträchtigt wird, die bis hin zu Lästigkeit, Kälte, Gleichgültigkeit, Langeweile oder gar Abneigung führen können? Um diesen Ungemächlichkeiten auszuweichen – soweit nicht beabsichtigt ist, das Familienleben an diesen Klippen zerschellen zu lassen –, ist der Einsatz von kriecherischen Mitteln durchaus gegeben. Ob sie hilfreich sind oder nicht, ist nicht die Frage, sondern ihre Eigenständigkeit, und zwar mit Bezug auf die gemeinsame Anerkennung einer Ordnung, die die Arschkriecherei nicht heiligt, wohl aber ihr Maß und Würde verleiht.

Möglicherweise wird erwartet, daß ich an dieser Stelle mit krisenhaften oder konfliktträchtigen Alltagsszenen aus dem Familienleben aufwarte und ihnen zu ihrer Lösung oder Beschwichtigung arschkriecherische Handhabungen gegenüberstelle. Jedoch das wird nicht geschehen. Denn mein alltagssoziologisches Brevier gehört weder zur Ratgebergruppe der «Unsere Leser fragen», noch ist es ein Kompendium zu den jeden Tag vor uns herflimmernden Fernsehfamiliengeschichten, die entweder unsere Lachmuskeln oder unsere Tränendrüsen in Bewegung setzen sollen. Es läßt sich einfach nicht bestimmen, ob beim Einsatz dieses oder jenes Mittels zur Aufrechterhaltung oder zur Glättung des Familienlebens kriecherische Momente im Hintergrund stehen, will sagen, inwieweit bei einem belastenden Konflikt oder einer schlichten Meinungsverschiedenheit zu offener oder versteckter Arschkriecherei gegriffen wird. Schlichtungsversuche, ob es der vielgelobte Dialog, die freundschaftliche Auseinandersetzung, Höflichkeit, zärtliche Umarmung, Manierlichkeit, Pflichterfüllung oder Offenherzigkeit sind, können, aber müssen nicht von Kriecherei angeführt sein.

Ganz anders ist es darum bestellt, wenn beherrschende Leidenschaften das Familienleben berühren, wenn Verführung, Ausschweifung, Hintergehen, Eifersucht, Dummheit, Mangel an Attraktivität, Verschwendung etc. ihr tückisches Haupt erheben, kurz, wenn Wahrheit zu sagen und Wahrheit anzuhören zum obersten Gebot werden. Es werden dann solch löbliche Eigenschaften wie Sanftmut, Gefälligkeit oder treuherziger Umgang beiseite gelassen, und Gewandtheit, Parteilichkeit und vor allem Verstellung nehmen ihren Platz ein. Eigennützigkeit, Habsucht, Übertreibung und verletzte Eitelkeit führen jetzt das harsche Wort, wobei es nicht ausbleiben kann, daß aus dem Repertoire der Kriecherei unverschämte Lügen und geheuchelte Empfindungen eingesetzt werden. Ob das Zusammenspiel von Verstellung und absichtlich oder instinktiv eingesetzter Kriecherei zum Erfolg führt oder nicht, ist nicht die Frage, auch nicht der sogenannte Verlust des eigenen Gesichts, sondern die *Demütigung*, die sich die eine oder die andere Seite durch die zielgerechte Rührigkeit der Arschkriecherei gefallen läßt. Sie höhlt nämlich die Kraft des wertvollen und zugleich gefährdeten und zerbrechlichen Symbols «Familienleben», seine Anerkennung und seine gesellschaftliche Struktur aus und setzt an seine Stelle eine aus Zwängen und Kräften bestehende Naturgewalt, die den Menschen oft zu ersticken droht. Die Kunst der Arschkriecherei hat dort ihre Grenzen, wo sie hervorzubringen versucht, was den Menschen zu vernichten droht.

Als die Väter unseres Grundgesetzes in Artikel 3, Absatz 2 festlegten, daß Männer und Frauen gleichberechtigt sind, waren sie sehr weitsichtig. Sie nahmen dem grollenden Hauptsatz des Feminismus «agree to disagree», das heißt, damit einverstanden sein, daß man damit nicht einverstanden sein muß, den Wind aus den Segeln und ersetzten ihn durch ein für die Aufrechterhaltung der Struktur und Funktion einer jeden Gesellschaft notwendiges Harmoniestreben. Der grundgesetzlichen Festlegung folgte ein Aufbruch der Frauenbewegung, der mehr oder minder erfolgreich bis in die Pfeiler unserer Gesellschaft reichte, in Politik, Wirtschaft, Justiz, Verwaltung, Gesetzgebung, Wissenschaft und Lebensstil. Unter dem Kampfruf «Rechte für die Frauen» entwickelte sich ein Männerfeindbild, dem es weniger darum getan war, Patriarchat durch Matriarchat zu ersetzen, als darum, die Eigenschaften von Männlichkeit und Weiblichkeit umzugestalten, so wie sie auch das uns interessierende Familienleben berühren.

Besagte Eigenschaften führen in ihrer idealen, nicht immer wirklichkeitsnahen Gestaltung zu den das Denken erleichternden Stereotypisierungen. Lauten die zu Stereotype gewordenen Eigenschaften von Weiblichkeit unter anderem Schlichtheit, Naivität, Grazie, Geschmack, Häuslichkeit, Mütterlichkeit, werden für Männlichkeit unter anderem Stereotype wie Entschlossenheit, Klugheit, Sorgepflicht, Tüchtigkeit und Vorherrschaft angeführt. Wenn durch den Wechsel der einen oder der anderen Eigenschaft vom Mann auf die Frau oder umgekehrt Konflikte in der Familie entstehen und es nicht zu Brüchen kommen soll, scheint mir der Einsatz einer der Formen der Arschkriecherei, und zwar vor allem der der *Verstellung*, gerechtfertigt zu sein. Was ich Verstellung nenne, hat, wie man meinen könnte, nichts mit falschem Lob, unguter Schmeichelei, Sichdummstellen, Schweigen oder Geheimnistuerei zu tun, sondern ist als eine *Bezeugung* zu verstehen, die sowohl auf Zutrauen, Aufrichtigkeit, Scham und Gefälligkeit beruhen kann als auch auf Nachgiebigkeit, Geschmeidigkeit, Vorsicht und Mißtrauen.

Allerdings wird die Gütigkeit der mit rechtschaffenem kriecherischem Zubehör durchsetzten Verstellung ihrer Redlichkeit beraubt, sobald Beschämung, Erniedrigung oder Demütigung der Person bzw. des Männlichkeits- oder des Weiblichkeitsvorzeichens ihr häßliches Haupt erheben. Dann nämlich gewinnen einerseits Wunschvorstellungen, Antriebe und Instinkte die Oberhand, andererseits Interesse und Eigennutz, mit der Folge, daß durch Notwendigkeit charakterisierte, sich entweder als lebenswichtige oder als sozial verpflichtend präsentierende *Bedürfnisse* ausgeschaltet werden. Aber gerade die Bedürfnisse wirken sich wie eine Triebfeder auf das Verhalten des Individuums aus. Dabei ist zu unterstreichen, daß dies stets im Zusammenhang mit Streben und Verlangen (verträgliches Familienleben), mit sinnbildlichen Vorstellungen (Männlichkeit / Weiblichkeit) und mit der Vorlage von Werten geschieht, darunter Arschkriecherei, werde sie mißbilligt oder nicht.

Wir treten jetzt aus der engverbundenen Zweierschaft des Familienlebens heraus, bei der Alltäglichkeiten wie Irritation, Mißverständnis, Angst, Widerstand, Zorn, Verletzung oder Resignation ohne das Signum demütigender Arschkriecherei gemildert bzw. behoben werden können. Wäre es doch eine Unterlassung, wenn ich meinen Blick nur auf das Geschehen *innerhalb* einer lebensgestaltenden Gruppierung werfen würde. Auch was von *außerhalb* in und auf das Familienleben eindringt, ob Sitten, Bräuche, Lebensstil, Verhaltensweisen oder, breiter gesehen, ganze soziale und kulturelle Bewegungen, übt einen Einfluß auf Stellung, Haltung und Bestand der Familienzelle aus. Was der Gesetzgeber, und zwar nicht nur bei uns, als Gleichberechtigung von Mann und Frau festgeschrieben hat, ist mehr als eine Rechtsbestimmung, nämlich ein Rechtsprinzip, das ein für allemal jenes verfallene Argument vom Geschlechterunterschied aus dem Wege räumt, auf dem die Jahrhunderte andauernde sogenannte «Unterdrückung» der Frau beruhte.

Es braucht nicht im einzelnen dargelegt zu werden, mit welchen Mühen die Befreiung der Frau aus dem Engpaß der Beschränkung auf die drei Ks, auf Küche, Kinder, Kirche, verbunden waren und stets noch sind. Noch ist auf solch lächerliche Nebenerscheinung einzugehen, wie Aktionen, die die Entlastung der Frau auf ihr Schild geschrieben haben, indem Kurse für «Der Mann im Haushalt» oder «Bügeln für Männer» oder «Vergeistigung der Frau» von eifrigen Mit- und Nachläufern der Frauenemanzipation eingerichtet werden. Fest steht, daß die Frau in allen öffentlichen Lebensbereichen, in Politik, Justiz, Wirtschaft, Kultur, Sport oder Wissenschaft ihren Platz gefunden hat, sei es von oben kommend durch gesetzgeberische Verordnungen und Anordnungen, sei es von unten durch die Bezeugung ihrer Leistungskraft mit oder ohne den durch die diversen Frauenbewegungen ausgeübten Druck. Es mag harsch klingen und mich möglicherweise zum Frauenfeind stempeln, wenn ich sage, daß das weibliche Geschlecht wie beabsichtigt aus dem gültigen Prinzip der Gleichberechtigung den größten Nutzen gezogen hat, daß die Frau und nicht der Mann, bzw. die Weiblichkeit und nicht die Männlichkeit, im Mittelpunkt öffentlicher oder privater Gleichstellungsaktionen steht – was allemal bestens exploitiert wird.

Diese unter der Schirmherrschaft der Herstellung der Menschenwürde stehende Exploitation, benenne man sie Ausbeutung, Nutzbarmachung oder Engagement, wird nicht nur von Reizthemen wie beispielsweise Quotenregelung oder Karriereverhinderung angeführt. Sie hat bei ihrer Durchsetzung auch zu Begleiterscheinungen geführt, unter denen sich eine teils deutliche, teils verborgene Bewegung der Arschkriecherei befindet. Sie geht auf das bis in das Familienleben eindringende *Image* der Frau bzw. der Weiblichkeit zu. Dabei binde ich meine Beweisführung – soweit man von einer solchen sprechen kann – an die Frau als Motor und Angelpunkt einer einzigartigen Technik, benannt Werbung. Um uns hier nicht in vage Spekulationen zu verlieren ist es unumgänglich, einen Rückblick zu skizzieren, der aufzeigen wird, wie werbetechnische Kriecherei das Image der Frau verändert hat.

Im Laufe der Entfaltung der kommerziellen Werbung treffen wir auch auf die Frau als Werbeobjekt. Zunächst wurde ihr mitgefühlig für die Art und Weise, sich aufzuspielen und zu bewerben, entgegengetreten. Noch zu Anfang unseres Jahrhunderts verbreitete die Werbung über das Image der Frau nur Markennamen und Produkte, sie bot sie nicht an. Langsam änderte sich das Bild, und die Frau wurde nicht mehr als das Ideal der Weiblichkeit dargetan, sondern wurde zur idealen Frau hochstilisiert; zu einem nachzuahmenden Vorbild, um das eigene Image zu verbessern. Hier setzte dann das schmeichlerisch-kriecherische Gehabe der Werbung mit Kaufbotschaften an, die sich in erster Linie auf modische Details und Accessoires bezogen. Es entstand das Image der gepflegten und geschmackssicheren Frau, deren Pflicht und Vergnügen es zu sein schien zu bezaubern. Die Kriecherei in und um das Image der Frau erfüllte nunmehr zwei Funktionen: Sie wurde zum Symbol eines Produktes und zum Ansporn für Anschaffungen.

Seit dem Ersten Weltkrieg wurden der Rolle der Frau Elemente des Sozialen hinzugefügt, wodurch ihr Image deutlich aggressivere Züge annahm. Die Mythologie vom weiblichen Bildnis feierte Auferstehung und mit ihr Huldigungen, die bis an Kriecherei reichten. Mit der Entwicklung zur Konsumgesellschaft nach dem Zweiten Weltkrieg verstärkten sich die Bemühungen um die Frau durch motivationelle Einsätze und der Erfassung stärkster menschlicher Antriebe. Immer nur knapp skizziert und die Geltung der zweckideologischen Ausrichtung der Arschkriecherei im Auge behaltend, trat uns jetzt ein instrumentalisierter Erotismus als gewichtiges Mittel zur Kaufermunterung entgegen. Die Frau erscheint in der Werbung wenig bekleidet, jedoch mit einer aus Stoffetzen und weiblichen Merkmalen zusammengefügten unpersönlichen Allgegenwärtigkeit: Sie wird zu einem Lächeln, zu schönen Händen und Beinen. Das Weiblich-Anziehende hatte nur ein einladendes und harmonisches Image zu befördern. Erst in den sechziger Jahren wurde die Frau zu einem Auto, zu einer Waschmaschine, zu einem Getränk, das heißt, auf jeden Fall zu einer Sache, die sich nicht aufspielt und keine Probleme eines Zwischenentscheids hervorruft.

Nachdem in den sechziger Jahren, mit gefälliger Arschkriecherei verbunden, die Nutzung und der Mißbrauch der Frau als Objekt zu offensichtlich wurden, schwächten sich die Erfolge der Werbung sichtlich ab. Um zu überleben und um sich den überaus schnellen sozialen Veränderungen anzupassen, wurde die Frau in der Werbung neu fassioniert: die aktive und betriebsame, freie und unabhängige Frau. Botschaften und Leitbilder entstanden, die, bis in das Familienleben eindringend, sich allemal an die sogenannte «Managerin» ihrer selbst und anderer richteten. Gleichzeitig wurden in kriecherischen Tönen die mehr oder weniger bestehenden lebenswahren Qualifikationen als eine Alternative zum Mann angepriesen. Allerdings, um hier nicht zu übertreiben und Konkurrenzkonflikte zu schüren, wurde nach wie vor der femininen Schönheit gehuldigt. Und so sehen wir vor uns wunderschöne Frauen, die danach trachten, beim Archetyp schöner und eitler Männer die Rolle der Favoritin zu verbildlichen. Mit nach beiden Seiten hin ausschlagender unterschwelliger Kriecherei wird der alte Traum vom Harem wiedererweckt, selbst wenn er sich nur der Groteske einer Wiederholung der nackten oder halbbekleideten weiblichen Schönheit bedient.

Da diese betörende Schönheit zum einen nun mal keine Allgemeinerscheinung ist und zum anderen mit dieser Glorifizierung die Alltäglichkeit eines konservativen, an traditionelle Werte gebundenen Publikums allzuleicht übergangen werden könnte, begannen die «geheimen Verführer» die Alltäglichkeit von Großmüttern und Müttern arschkriecherisch zu umgirren. Wie eine Bande von Freunden der Familie werden wir in die Küche geführt, um den Herd, die Waschmaschine oder die Reinigungsmittel zu bewundern; wir sehen der adrett gekleideten Mutter zu, wie sie Hemden bügelt oder ihre Kinder und Katzen füttert, wie Oma Kaffee schlürft oder aus Tüten die leckersten Schnellgerichte hervorzaubert – alles mit Frohsinn und

aufgesetztem Lächeln, diesen Attributen der Arschkriecherei als Ausgleich von Unsicherheit und Unglaubwür-
digkeit.

Die von der Werbung in Anzeigen, in Schaufenstern
oder im Fernsehen geschaffene und unterbreitete Figur
der Frau – zugleich als Leitbild und Anmacher gedacht –
gibt Meinungen und Ratschläge von sich, unterbreitet
Rezepte für Glückseligkeit und Rang, unterrichtet, schmeichelt und überzeichnet das gegenwärtige Image der schönen Frau, der Hausfrau, der Mutter, der Ehefrau oder der
Gefährtin. Vor uns steht ein durch Kriecherei verzerrtes,
sowohl nahes als auch abgelegenes Image der Frau in ihrer
Wirklichkeit. So werden das Ewig-Weibliche und die vielen Entfaltungen seines «Mysteriums» herabgesetzt und
auf eine kommerzielle Maßzahl zurückgeführt. Soweit dies
in das Familienleben eindringt, entsteht genau das Gegenteil von wahrer Emanzipation. Reiz und Einsatz der
Arschkriecherei zeigen sich in seiner zweckideologischen
Ausrichtung als ein Gegengift zum Geschehen, nicht als
Ursache.

Erziehung, Flegel und die gestattende Gesellschaft

Wir wollen für dich nur dein Bestes

A. Paul Weber:
An den Rockschößen des Genies (1949)

Mit anstelligem Geschick ist es mir bisher gelungen, die Entfaltung der Kunst der Arschkriecherei auf die Welt der *Erwachsenen* auszurichten. Doch das darf so nicht weitergehen, will ich mich nicht gleich einem doppelten Vorwurf aussetzen, nämlich zum einen die Hoffnungsträger für das Fortbestehen unserer Gesellschaft, die zu allen Zeiten vielgelobte und vielgescholtene vollwertige Gruppe der Jugendlichen übergangen zu haben, zum anderen das dem Erziehungsprozeß Herkünftige und sich bis ins Erwachsenenalter Fortsetzende beim zweckideologischen Vorgang der Arschkriecherei.

Wie immer können wir auch hier nicht gegenstandslos Einsicht gewinnen oder uns an solch leicht hingeworfenen Phrasen wie «Das gehört sich nicht» anbinden. Nur sensationslüsterne Ratschlaggeber verfahren auf diese Weise, nicht aber der Soziologe, der, was immer er zu untersuchen wünscht, von Grunderkenntnissen auszugehen hat, die ich jetzt, kurz skizziert, unterbreite.

Um bei meinen Soziologenkollegen kein unnötiges Befremden hervorzurufen, schließe ich mich ihnen, die sie Erziehung als einen Unterbegriff von Sozialisation begreifen, an, obwohl es für diejenigen, die sich mit Alltagssoziologie befassen, gehopst wie gesprungen ist. Im Grundzug besteht der Unterschied darin, daß es bei Erziehung einzelne – also Eltern, Verwandte oder die sie vertretende Schule – sind, die Werte, Normen und Techniken dem Kind und Jugendlichen vermitteln und verbindlich machen sucht, während es beim Sozialisationsprozeß die Gesellschaft ist, welche die zur Zeit vorherrschenden Werte, Normen und Techniken vermittelnd zur Verbindlichkeit führt. Ob das eine oder das andere, hier ließe sich doch als Wert, als Norm oder als Technik sehr wohl Arschkriecherei unterbringen.

Doch so einfach sind die Dinge nicht, wenn wir bedenken, daß der Vermittlungsprozeß der uns interessierenden Gegebenheit einer Beziehungsgrundlage bedarf, im Einzelfall zwischen Eltern und Jugendlichen. Machen wir uns doch nichts vor: Wenn wir in unseren jungen Tagen ein Verbot oder einen Vorbehalt der Eltern umgehen wollten, haben wir da nicht bewußt oder instinktiv die «Technik» der Kriecherei eingesetzt, auch wenn es nur die Bezeugung war, «Vater ist mir der liebste». Und erst unsere Eltern mit ihrem «Das ist gut für dich» und ihrem «Wir wollen für dich nur das Beste» – diesem kriecherisch vorwurfsvoll oder gütig vorgebrachten Gutgemeinten.

Allerdings besteht ein Unterschied zwischen der von der jüngeren und der von der älteren Generation eingesetzten Verhaltenstechnik, und zwar beim *Nachdruck*, der hinter den Äußerungen steht. Ist er bei den Kindern und Jugendlichen doch so gut wie nie, bei den Erziehern jedoch von einer nach Gehorsam verlangenden Führerschaft geprägt. Mehr noch: Während kriecherisches Verhalten bei den Jungen, ob fünf oder fünfzehn Jahre alt, meist durchschaubar ist, enthalten die von den Erziehern mit oder ohne Einsatz von Arschkriecherei übermittelten Sozialisierungsprodukte (Verhaltensweisen, praktische Verrichtungen, Vorstellungen, Attitüden) lebensechte Warnungen. Gefahren für das Leben werden angedeutet, unterstrichen oder gar eingehämmert sowie Anweisungen darüber, wie man ihnen entkommt bzw. wie man sie von vornherein vermeiden kann. Anders gesagt, es handelt sich um das Erlernen der Vorwegnahme von Folgen sozialen Handelns – darunter auch Arschkriecherei –, also um das Erlernen moralischen und logisch-rationalen Verhaltens.

Um mich nicht von den schauerlichen Nachrichten über vernachlässigte, verwahrloste, obdachlose und kriminelle Kinder und Jugendliche irritieren zu lassen – zumal sie in der westlichen Welt glücklicherweise nicht in der Mehrheit sind –, gehe ich von einem Beziehungsbild zwischen Eltern und ihren Nachkömmlingen aus, das dem Gemeinplatz von der «glücklichen Familie» entspricht. Zur Entfaltung dieses Glücks gehören wie eine Selbstverständlichkeit Zuneigung, Anhänglichkeit und Interesse und wie eine Obliegenheit die Erziehungspflicht, deren sich angesichts ihrer Wesentlichkeit für das soziale Leben auch der Gesetzgeber angenommen hat. Diese Pflicht ist von Regeln und Erwartungen geprägt, die nicht einzig und allein daraus bestehen, Bräuche, Sitten und Umgangsformen – wie «Sprich nicht mit vollem Mund», «Tu die Hände aus der Tasche», «Putz dir die Zähne» und dergleichen – zu vermitteln bzw. zu ihnen zu erziehen. Es steht an, Grundsubstanzen für das menschliche Zusammenleben zu vermitteln, jene Werte wie Treue, Toleranz, Stolz, Nachsicht, Aufrichtigkeit, Rechtschaffenheit, Wahrheitsliebe etc. Insgesamt werden beide Erziehungsfelder einerseits von dem biblischen Gebot «Du sollst deinen Vater und deine Mutter ehren» angeführt, andererseits von der goldenen Devise, daß es jedem freistehe, darüber zu befinden, sein Leben nach den Kriterien der Vernunft, der Hoffnung oder der Enttäuschung einzurichten.

Alles leicht gesagt, doch schwer getan; denn das Alltagsleben steht nun mal nicht unter dem Zeichen paradiesischer Harmonie. Gewöhnliche und außergewöhnliche Ereignisse treten auf, die sich aus dem üblichen Lebensfluß – darunter auch dem Erziehungsprozeß – sowohl zeitlich als auch inhaltlich abheben. Ob sie von außen an den innerhalb der Familie sich abspielenden Sozialisierungsvorgang herangetragen werden oder dem übersehbaren engen Rahmen der Familie entspringen, immer rufen sie zu bewältigende kritische Situationen zwischen Erziehern und Erziehenden hervor. Trotz allem Gefallen an der Bequemlichkeit einer antiautoritären Erziehung ist es sittengemäß geblieben, althergebrachte Bewältigungsstrategien wie Ermahnungen, Verbote und Strafen in ihren Variationen und unterschiedlichen Härtegraden anzubringen, die mehr als einmal dort enden, wo Familienkrach, wie man dieses peinigende Gezeter zu nennen pflegt, ausbricht.

Nun läßt sich vortrefflich darüber streiten, ob Krach zum familiären Ambiente gehört, ja, ob der Mensch nicht überhaupt einen angeborenen Bedarf an Krach habe. Wie dem auch sei, Familienkrach ebenso wie kritische Situationen im Erziehungsprozeß mitsamt gegebener Bewältigungsstrategien sind, um es gelinde auszudrücken, eine *Belastung* für alle Beteiligten, die Eltern wie die Töchter und Söhne. Dabei werde ich mich hüten, als Folgen der Belastung die Ungriffigkeit von Frustrationskomplexen und Neurosen anzuführen. Mir genügt es, an die Erzeugung von Mißtrauen, Grillenhaftigkeit, Trübsinn, Verstimmung, Erbitterung oder Unwille zu denken, kurzum an die Aussparung oder gar Vernichtung einer allseitig erforderlichen und gewünschten Harmonie der zwischenmenschlichen Beziehungen mit ihren Zacken und Kanten. Der langen Rede kurzer Sinn ist es, nicht nur aufzuzeigen, welchen Belastungen die in den familiären Erziehungsprozeß eingeschlossenen Personen unterliegen, sondern auch, daß ein Bedarf an Mitteln zur *Entlastung* besteht, mögen sie auch nur zeitweilig zur Lösung von im Erziehungsprozeß unvermeidbar auftretenden kritischen Situationen führen.

Was besagte Mittel und deren Bedarf betrifft, so gibt es deren eine Menge. Allerdings ist ihr Einsatz nicht mit Regeln, Vorschriften oder Verboten unterlegt. Zwar wendet sich die rührige, in erster Linie Pädagogen aller Schattierungen ausbildende Erziehungswissenschaft gelegentlich auch dem Erziehungsgeschehen im Familienkreis zu, erarbeitet und erteilt auch wohlgemeinte Ratschläge über Vater-Sohn- oder Mutter-Tochter-Beziehungen, stößt aber unweigerlich auf das unterschiedliche Intimitätsgefälle in den Abertausenden von Familien und auf die verschiedenartigen Einstellungen der betroffenen Personen. Auch ich, der ich meine Aufgabe nicht darin sehe, Ratschläge à la «Wie erziehe ich mein Kind» zu geben, kann mich nur an landläufige Endpunkte halten. Schließlich geht es mir im vorliegenden Zusammenhang um die Erkenntnis natürlicher Regungen, gleich, ob die Einstellung von Vater oder Mutter gegenüber dem Sohn oder der Tochter die eines hoffnungslos mißratenen Subjekts ist oder die eines gelungenen Vorzeigeobjekts.

Was ich, um in der Nähe der Alltäglichkeit zu verbleiben, mit willigem Umgehen tiefgründiger Gelehrsamkeit als «natürliche Regung» angesprochen habe, unterliegt zwei sich im Endeffekt miteinander treffenden Richtschnuren. Bei der einen werden die zum Einsatz gebrachten, aus natürlichen Regungen hervorgegangenen Erziehungsmittel durch in der Gesellschaft vorherrschende Trends bestimmt. Ihnen entspringt der Gegensatz zwischen einer «strengen» und einer «nachsichtigen» Erziehung. Was für die mit gesundem Menschenverstand unumgänglich verbundene Einführung in das soziale Leben betrifft, kurzum, was als nützlich, angepaßt, unangepaßt oder abweichend zu gelten hat, bestimmt im ganzen wie im einzelnen die Gesellschaft.

Die andere Richtschnur ergibt sich aus der Persönlichkeitsstruktur von Vater oder Mutter, je nachdem, wer von den beiden bei der Erziehung den Ton angibt. Auch sie ist von der gesellschaftlichen soziokulturellen Umgebung geprägt, in der die Personen aufgewachsen sind, von selektiven Faktoren wie Familienhintergrund, Beruf, Einkommen und selbstverständlich Erziehung. Waren die materiellen und nichtmateriellen Züge der einen Persönlichkeit von einer Umgebung geprägt, bei der der Akzent auf harte Konkurrenz gelegt worden war, lag der Akzent bei der anderen womöglich auf Kooperation.

Wie und wo die beiden hier nur kurz angedeuteten Leitlinien – das Gesamtgesellschaftliche und das Individuelle – sich treffen und ineinander übergehen, bestimmt die Vorgehensweisen bei kritischen Situationen im Erziehungsvorgang, der, ob man es für richtig oder für falsch hält, aus vielerlei Gründen stets von der Dominanz der Älteren über die Jüngeren angeführt wird. Diese wie eine Wolke über dem gesamten Erziehungsprozeß schwebende Vorherrschaft treibt die Vorgehensweisen an, sei es zum Erwünschten oder zum Unerwünschten, zum Gedeihen oder zum Scheitern. Wie bei einer Kausalreihe stehen sich an ihren äußersten Enden strenge und milde Mittel gegenüber: das bis zur Gewalttätigkeit führende Drohende und die beschwichtigende Überredung. Das erste reicht von Vorwürfen, wie z. B. «Aus dir wird nie etwas werden» oder «Was sollen die Leute denken», über den Rohrstock und Ohrfeigen bis zu Mißhandlungen. Bei den Überredungsunterfangen – im Sinne von «Tu es mir zuliebe» oder «Du ruinierst dir deine Zukunft» etc. – wird ein mit Gefälligkeit, Liebäugeln und Treuherzigkeit verbundener Appell an den Familiensinn als Erziehungsmittel eingesetzt.

In beiden Ausrichtungen wird gegen die sich beim Jugendlichen entwickelnde und auch erwünschte Selbständigkeit und Selbstfindung angegangen. Allerdings unterscheidet sich ihre Bewältigung bei Erziehern und Zöglingen: Während die aggressive Drohung in ihrer imperativen Form zu keinem Ausweg außer zu Verachtung oder sich bis zur Aggression steigerndem Ungehorsam führt, ist es der Überredung – als eine der unaufdringlichen Spielarten der Kunst der Arschkriecherei – gegeben, alltägliche Konflikte zumindest zu beschwichtigen. Im übrigen haben sich Eltern durch eine von Schmeichelei, Überlistung oder wie immer gearteten Aufmerksamkeitsbezeugungen angeführten Kriecherei weniger, ja so gut wie gar nichts zu vergeben, als diejenigen, die mit der Knute in der Hand ihre Kinder zur Räson zu bringen suchen. Auch die Selbstanklage, man habe den Kindern zu sehr nachgegeben, habe zu viele Konzessionen gemacht, fällt hinten herunter, denn wir sprechen ja nicht von Abweichungen, sondern von dem Normalen.

Eltern, so heißt es, sollen ein Vorbild für ihre Kinder sein, woher der herausfordernde Satz von der guten oder schlechten Kinderstube rührt. Unterstellt, daß bei dieser Vorbildlichkeit auch arschkriecherische Elemente zur Anwendung gekommen sind, was allerdings nicht durch die so allbeliebte Statistik nachweisbar ist, dann dürften sich diese als eines von vielen Verhaltensmustern auch beim Jugendlichen einprägen. Ganz einfältig und unversorgt gesagt: Kein Kind und kein Jugendlicher ist so dumm, auf der einen Seite nicht den Einsatz von Kriecherei zu bemerken und über sich gefällig ergehen zu lassen, auf der anderen Seite bei gegebener Gelegenheit sie nicht nachzuahmen und sich nutzbar zu machen – im übrigen aber auch die Handhabung dieser oder jener Benehmens- oder Lebensregel wegen ihrer Arschkriecherei mit Bewunderung oder Abscheu zu durchschauen. Wohin das führt, werden wir später sehen. Zunächst ist zur Anschaulichkeit mit einem Beispiel aufzuwarten.

Da lese ich in der Zeitung, daß an vielen norwegischen Grundschulen als neues Unterrichtsfach «Höflichkeit» eingeführt worden ist. Die Schüler sollen «soziale Verhaltensweisen» bzw. «Umgangsregeln» erlernen. Besonderer Wert, so wird berichtet, wird dabei auf das Erlernen der Begrüßung mit Handschlag gelegt, denn dieser bezeuge «gegenseitigen Respekt und gegenseitige Fürsorge». Wahrscheinlich werden im Fach «Höflichkeit» noch so manche andere Umgangsformen altmodischer oder modischer Art gelehrt, wie das Lüften der Mütze oder des Hutes bei Begrüßungen, das Küßchen-Küßchen auf die Wangen, Untersagen des Schmatzens oder Rülpsens beim Essen und dergleichen oberflächlicher Gesten mehr. Ja, es sind Gesten, nichts als Gesten, die zudem in unterschiedlichen Ländern und Verhaltenskulturen ganz verschieden bewertet und eingesetzt werden. Beispielsweise ist es in Australien, einem durchaus westlichen Land, geradezu befremdend, sich bei Begrüßung oder Abschied die Hand zu reichen, und bei den Chinesen verständigt man sich über das Wohlgefallen einer Mahlzeit durch hörbares Rülpsen.

Wo Erziehung zur Höflichkeit zur Diskussion steht, vordringlich doch wohl im Elternhaus und erst bei dessen Versagen in der Schule, wird man nicht umhinkommen, sich nur in ferner Nähe zu Höflichkeit liegende Begrifflichkeiten wie Etikette, Galanterie oder Vornehmheit aus dem Kopf zu schlagen. Denn wenn Höflichkeit in seiner vollen Tragkraft erkannt wird, zählt sie mehr als aus guter Erziehung und zünftigem Empfinden für Angemessenheit hervorgegangene Manieren. Ist doch «Bitte» oder «Entschuldigung» zu sagen, so tun, als erweise man Respekt; «Danke» zu sagen, so tun, als erweise man Erkenntlichkeit. Mit dem Mittel der bis zur Kriecherei reichenden Verstellung wird allzu häufig nur der *Anschein* erweckt, es würde dem Gegenüber Respekt oder Erkenntlichkeit entgegengebracht, womöglich ohne daß er es verdient hat. Höflichkeit bei zu Erziehenden und später bei Erwachsenen ist nicht, wie geltend gemacht wird, stets von Gefälligkeit, Billigkeit, Entgegenkommen oder Dankbarkeit angeregt und in Bewegung gesetzt: Sie bringt nur Äußeres nach vorne und nicht, was sie im Inneren sein könnte oder sollte. Schon Aristoteles hat in der «Nikomachischen Ethik» ausgeführt, daß moralische Dispositionen aus Handlungen hervorgehen, die ihnen ähnlich sind.

Soweit Höflichkeit als eine moralische Bereitschaft anzusehen ist, besteht sie in der dialogischen Wirklichkeit daraus, alles zu sagen und zu tun, was andere angenehm finden. Vorbedingung hierfür ist allerdings, daß sie mit Würde, Angemessenheit und Ehrenwertheit bekleidet ist und nicht von Falschheit, Heuchelei und Lügenhaftigkeit, kurzum von Arschkriecherei angeführt bzw. unterlegt ist. Eine alte Weisheit, den «Deutschen Sinn-Gedichten» des Freiherrn Friedrich von Logau (1604–1655) entnommen, sagt, wohin ich mit einer von notwendiger Sorgfalt getragenen Ausführlichkeit führen will:

«Höflichkeit verlor den Rock, Falschheit hat ihn
   angezogen,
Hat darinnen viel geäfft und manch Biederherz
   betrogen.»

Höflichkeit hat nur den Anschein einer Tugend, ist aber
keine Tugend, sondern eine durch Erziehung erreichte
Qualität. Dem zufolge ist zu fragen, inwieweit diese Qualität in unserer Gesellschaft noch Gültigkeit besitzt, abge-
wertet ist oder gar überholt zu sein scheint. Und sollte das
eine oder das andere zutreffen, werden wir uns darüber zu
unterhalten haben, woher dies sowohl bei Jugendlichen
wie auch bei Erwachsenen rührt. Wird doch in diesem Zusammenhang allzugerne von einer «Verrohung der Sitten» gesprochen oder lakonisch konstatiert, «Höflichkeit
ist nicht mehr gefragt». Zum Beleg wird dabei auf das Vergehen von rangsymbolischen Alltagssitten wie Kleider-
ordnung, Briefunterschriften oder Handkuß verwiesen
oder auf das Aufkommen von anzuprangernden Unsitten
wie rüdes Dazwischenreden, ansteigende Nutzung von
Fäkalausdrücken, vorzüglich die Wörter «beschissen» und
«Scheiße», die herablassende Anbiederung von Jugendlichen an Erwachsene durch ein «Du» anstatt eines «Sie»,
und nicht zuletzt die Klage, man komme beim Einkauf immer mehr mürrischen und unhöflichen Verkäufern und
Verkäuferinnen entgegen.

Ohne noch weitere und weitaus drastischere Beispiele
vorzulegen, bleibt der Eindruck, daß die jugendliche Gesellschaft einem gängigen Trend folgt, der als *Flegelhaftigkeit* zu bezeichnen ist, ein Trend, der offensichtlich auch bei
Teilen der Erwachsenengesellschaft seinen Einzug gehalten hat. Doch verbleiben wir, gemäß der Überschrift dieses

Kapitels, beim auf Jugendliche ausgerichteten Erziehungsprozeß. Also denn: Kann von einer «Rückkehr des Flegels» gesprochen werden, und wenn ja, wie ist es dazu gekommen?

Ich weiß sehr wohl, daß der Ausdruck «Flegel» etwas altmodisch Biedermeierliches an sich hat, zumal er meist mit der Vorstellung von «Flegeljahren» verbunden ist, den Jahren der Pubertät, die durch unausgeglichenes, trotziges und aufbegehrendes Verhalten gekennzeichnet sind, und – um mein literarisches Wissen geziemend anzubringen – sich in Jean Pauls Biographie «Flegeljahre» klassischer Popularität erfreuen. Doch ich gehe weiter und begreife unter Flegel ganz allgemein Menschen, die in den gesellschaftlichen Umgang eine Geisteshaltung und ein Verhaltensmuster von ausfallender Derbheit einbringen und verkennen lassen, was sie sich selbst und ihren Mitmenschen schuldig sind.

Nun läßt sich nach dem Stand der Wissenschaft gut sagen, daß flegelhafte Mißhelligkeiten in den Jahren der Pubertät auftreten und dort ihren Ursprung haben. Indes, da Anfang und Ende der pubertären Jahre für alle Erdenbürger nicht gleich sind und daher bei Jugendlichen auftretende Flegelhaftigkeit quasi entschuldigend nicht als eine «spätpubertäre» Erscheinung abgetan oder verurteilt werden kann, bemühen sich Eltern im allgemeinen mittels Verboten und Geboten, keinen Flegel ins Leben zu entlassen. Sie werden den Jungen und Mädchen allein schon um ihres eigenen Wohlbehagens willen – von Pflichterfüllung gar nicht zu reden – Gehorsam und Respekt einüben, darunter auch Höflichkeit, dieses Zeichen von Umgänglichkeit, Schicklichkeit, Anstand, Rücksichtnahme und Ehrerbietung.

Sehen wir uns nun an, ob und wie bei der Einübung auf der Respekt- und Höflichkeitsebene Arschkriecherei als zielstrebiges Mittel der Erziehung ihre Rolle spielt. Um beim Aufwachsenden dieses oder jenes zu erreichen, darunter, sagen wir, Höflichkeitsbezeugungen, kommen von den Eltern Anweisungen. Zum Beispiel: «Gleich kommt Onkel Tobias. Gib ihm die Hand und einen Kuß.» – «Ich mag ihn aber nicht. Er hat einen fiesen Bart und stinkt nach Knoblauch.» – «Tu es mir zu Gefallen. Du weißt doch, Vater arbeitet bei ihm im Geschäft.»

Ob das der Onkel Tobias ist oder die Tante Melanie oder ein zu umgarnender neuer Geschäftspartner, denen mit einer ansonsten nicht üblichen Vorzüglichkeit entgegenzukommen ist, dasjenige, was schlechthin als «gute Manieren» apostrophiert wird, enthält in seiner Grundausrichtung Elemente der Kriecherei, nennen wir sie Untertänigkeit oder besser Erniedrigung. Mit anzusehen oder nur zu empfinden, daß sich die Eltern mit ihrer Höflichkeitskriecherei erniedrigen, beeinträchtigt die zwischen Eltern und Kindern für selbstverständlich, ja für natürlich gehaltene Machtposition, bringt den Verlust von Respekt hervor.

Fragen wir als nächstes, wie es um die im Erziehungsprozeß stehenden Jugendlichen in ihrer Charakter- und Lebensausbildung bestellt ist, wenn sie selbst in kriecherischer Richtung verlaufenden Verhöflichungen ausgesetzt sind? Sind Jugendliche etwa schon so standfest und selbstbewußt, daß sie sich nicht durch Arschkriecherei erniedrigt fühlen? So ungern es die jeweils ältere Generation wahrhaben will, daß auch der junge Mensch einen Respekt vor sich selbst, einen Selbstrespekt, wie man es zu nennen pflegt, entwickelt bzw. besitzt, Erniedrigung ruft unweigerlich eine Gegenreaktion hervor, das, was ich *Aufrichtung* nenne.

Eine für den Jugendlichen denkbare Weise, den Mißklang zwischen Erniedrigung und Aufrichtung zu überwinden, wäre, der Verachtung arschkriecherischen Verhaltens ein gleichartiges Verhalten entgegenzusetzen. Jedoch, da er dieses kunstvolle Umgarnen nicht «erfunden» hat, sondern nur wahrnimmt und nachahmt, kann es über diesen Weg nicht zu einer Aufrichtung kommen – der Selbstrespekt bliebe unerreicht, er befleckte sich selbst.

Es ist das Vorrecht junger Menschen, natürlich und ungezwungen zu sein, weder schüchtern noch dreist. Doch wenn sie, wie es nur allzuoft geschieht, aus erzieherischen oder eigennützigen Gründen hintergangen werden – und das auch noch durch Arschkriecherei –, warum sollte das von ihnen gewünschte gemessene Auftreten nicht in Unverschämtheit ausarten? Auch bei Erwachsenen genügt oft Grobheit, um von einem Schlaukopf nicht betrogen zu werden. Was immer wir als Einkleidung von Flegelhaftigkeit ansehen mögen, ob Frechheit, Dummdreistigkeit, Roheit, Ungezogenheit, Taktlosigkeit oder Unhöflichkeit, steht beim Jugendlichen unter der aus einer Gegenreaktion hervorgegangenen, sich auf Schritt und Tritt ins Erwachsenenalter fortsetzenden Devise: Erlaubt ist, was nicht gefällt.

Ein minderer oder stärkerer Ausgleich zwischen einer bewußten oder unbewußten Unsicherheit gegenüber familiären, gesellschaftlichen, aber auch individuellen Idealen muß geschaffen werden, was nicht als ein sich von allein ergebender Vorgang angesehen werden kann. Im Gegenteil. Angestoßen durch eine nicht nur lästige, sondern auch herabwürdigende Verarschung, setzen komplizierte, oft gar dramatische Umbrüche im jugendlichen Bewußtsein ein. Es ergeben sich neue Arten des Wahrnehmens und Fühlens, darunter die Flegelei, die dann mit Strenge und Ausdauer vertreten werden. Wenn ich mir im Alltagsleben den jugendlichen oder den erwachsenen Flegel anschaue, dann sind es nicht immer nur die Sprache und die Wortwahl, die Flegelhaftigkeit zeigt sich auch in den Umgangsformen, in der Gangart, in allen Gepflogenheiten des Lebens. Die Aufrichtung von der in der Jugend durch Kriecherei erfahrenen Erniedrigung setzt sich fort in das Nichts-Respektieren, nur an sich selbst glauben, nur an seine Jugend.

Es wäre verwegen, die Aufweisung der mit Arschkriecherei verbundenen «Rückkehr des Flegels» miesepeterig als einen alle Welt betreffenden gesellschaftlichen Trend hinzustellen, so verwegen wie die Redewendung «Ist der Ruf erst ruiniert, lebt sich's gänzlich ungeniert». Aber könnte es nicht sein, daß die den Jugendlichen zugestandene individuelle, zu Stabilisierung, Identität oder Abgrenzung führende Selbstverwirklichung von gewissen aus dem sogenannten Zeitgeist hervorgegangenen gesamtgesellschaftlichen Trends unmerklich zumindest *unterstützt* wird? Ich meine, diese Frage sollte nicht übergangen werden; denn nur zu sagen: «Die heutige Jugend ist viel besser als ihr Ruf», ist nichts mehr als eine wenig kunstvolle arschkriecherische Tirade für eigenes Versagen.

Dennoch müssen wir solcher Tirade Verständnis entgegenbringen, denn sie unterstreicht den in unserer Gesellschaft immer stärker werdenden, schon an der Grenze eines Trends liegenden *Jugendkult*. Ausgehend von der biblischen Aufforderung «Vermehret euch», verbunden mit dem die Gesellschaft erhaltenden jahrhundertealten Gedankengut «Die Jugend ist unsere Zukunft», wurde vor der

Jugend ein Schutzwall errichtet. Er beruht einerseits auf der ahnungsbangen Prämisse, unsere Jugend sei bedroht, andererseits auf der Gefährdung ihrer und unserer, der Erwachsenen, Zukunft.

Das ist gewiß eine schreckliche Vision. Und daher bemühen sich sehr zu Recht der Staat mit vielfältigen Jugendbehörden, die Kirche mit religiösen, karitativen und erzieherischen Bewegungen und Einrichtungen sowie selbstlose und eigennützige Jugendverbände und Vereine, bis hin zu Weltjugendtagen, mit Trommeln und Trompeten eifrig um die Jugend. Nicht zuletzt stürzt sich die psychologisch, pädagogisch, soziologisch oder psychotherapeutisch ausgerichtete «Jugendforschung» auf die aufwachsende Generation und umkreist sie mit Befragungen nach ihren Vorlieben, Vorbildern und Ängsten, nach ihren Bezugspersonen, ihrer Szenenzugehörigkeit und ihrem Zukunftsblick. Auch das muß sein. Nur, wenn wir jetzt die mannigfachen, hier nur kurz skizzierten Aktivitäten zu einem Total zusammenführen, darf daraus kein Kult entstehen, darf nicht der Eindruck entstehen, indem man sich um sie bekümmere, krieche man ihr in den Arsch, bete sie sozusagen an. Das aber ist nicht der Fall, wenn, anstelle von Hilfestellungen, eigentliche Gemütslagen der Jugend wie Egoismus, Unfreundlichkeit, Mangel an Duldung und Toleranz, selbst Rebellion mit Verboten, Einschränkungen, Strafen und Zwängen bekämpft werden. Dann lieber schon ohne Betrug und Hintergehen, will sagen, kunstvoll das zweckideologische Mittel der Arschkriecherei einsetzen.

Aber vielleicht geschieht das schon seit geraumer Zeit und wird kaum als sittenwidrig und verwerflich verurteilt, weil sich die Unumgänglichkeit der Kriecherei nicht an vordergründigen individuellen Handlungen erkennen läßt, sondern eher am Hintergrund, im sozialen Kontext der Gesellschaft schimmert. Ob wir diesen Hintergrund als «sozialen Kontext», als «Kollektivbewußtsein», als «soziales System» oder kurz als «Die Gesellschaft» bezeichnen, bleibt für unsere Zwecke gleichgültig. Es wäre nur ein unvertretbarer Fehler, würde ich diesen Hintergrund übergehen. Denn was immer für die zur Diskussion stehenden Jugendlichen gültig ist, steht in engster Beziehung mit dem sozialen Kontext, der seinerseits einem sich mal langsam, mal schnell vollziehenden «sozialen Wandel» bzw. «gesamtgesellschaftlichen Wandel» unterliegt.

Seit ihrem Bestehen befaßt sich die Soziologie beobachtend und analysierend mit der Problematik des sozialen Wandels, um Grundlagen für gesellschaftliche Beurteilungen zu erkennen und vorlegen zu können. Sie tut dies, indem sie die Gesellschaft durchziehende *Trends* herausarbeitet, wobei zum einen immer wieder unterstrichen wird, daß die Feststellung von Trends unpersönlich ist, und zum anderen der Begriff, was eindeutig sein dürfte, keine unausweichlichen moralischen Verwicklungen aufweist. Ohne zu weit zurückzugehen, sprachen wir einstens von dem Trend der «Marketing-Orientierung», dann von dem der «Außengeleitetheit», später wieder von dem der «Identitäts-Verbreitung» und dem «Zeitalter der Zusammenhanglosigkeit». Derzeit erstrahlt am gesellschaftlichen Firmament eine durch den sozialen Wandel hervorgerufene Trendumschreibung, die unter dem Schlagwort «Gestattende Gesellschaft» (Permissive society) ihren Ausdruck findet, die womöglich demnächst durch einen aus «Political Correctness» und «Virtuality» zusammentreffenden Gegentrend überschattet werden wird. Wohlgemerkt, alle erwähnten Trendbeschreibungen tragen nicht etwa die Qualität permanenter Normen in sich. Wohl aber sind sie – und so auch die Kennzeichnung «Gestattende Gesellschaft» – inhaltsreiche Indizien für das, was von der Gesellschaft bzw. von gewissen Gesellschaftsgruppen, darunter den Jugendlichen, derzeit gewünscht und erwartet wird.

Ich habe nicht vor, mich im vorliegenden Rahmen mit dem Trend zur gestattenden Gesellschaft auseinanderzusetzen oder Nachweise hierfür zu erbringen, zumal ich weder anzuklagen noch zu verteidigen gedenke. Wir haben es nun einmal mit einem Produkt von Gesellschaftsverhältnissen zu tun, das sich in einem ebenso raschen Wandel befindet wie die gesellschaftlichen Verhältnisse selbst. Im übrigen verbleibe ich wie im Gesamt dieses Kapitels bei der Jugend. Diesmal, um anhand einiger das Sexuelle und damit das Sexuell-Sittliche betreffenden Sitten und Sittlichkeitsnormen beispielhaft aufzuzeigen, wie die Gesellschaft mit dem sozialen Trend der Permissivität, dem Gestattenden, dem Zulassen, dem Frei-gewähren-Lassen, die Jugend bzw. ihren aufgrund der biologischen Entwicklung bestehenden *Wagemut* arschkriechend unterstützt.

Als beobachtbares Beispiel nehme ich aus dem Leben der Jugendlichen Musik und Tanz, da diese niemals in Absonderung von dem Rest der gegebenen Gesellschaft verstanden werden können. Der der Jugend heutzutage eigene Tanz hat den «geschlossenen Tanz», bei dem sich die Partner berühren, abgelöst und durch den «partnerlosen Tanz», sozusagen durch einen Solotanz ohne physischen Kontakt, ersetzt. Das Ganze spielt sich zu einer Musik ab, die in ungeheurer Lautstärke produziert wird, so daß eine Art Einhüllung des Tanzenden entsteht, die eine Quasi-

Euphorie hervorbringt und Konversation so gut wie unmöglich macht. Dieses hier kurz skizzierte Phänomen ist mit anderen ähnlicher Art bezeichnend für die Haltung einer Jugend, der auf früheren Normen gründende Tabus nicht mehr entsprechen. Dies ist in der Tat Ausdruck einer gestattenden Gesellschaft; denn anstatt über sie die Tabus des Kontakts mit dem anderen Geschlecht walten zu lassen und Rebellion zu unterdrücken, erlaubt sie der Jugend mit abgewandtem kriecherischem Blick, sich im Rahmen ihrer eigenen Konventionen zu verhalten, will sagen, sexuell durchaus wachsam, relativ ungehemmt und dennoch selbstbewußt zu sein.

Um zum Thema einer nicht ohne Arschkriecherei möglichen Gestaltung noch ein weiteres Beispiel anzuführen, ist auf die Tatsache hinzuweisen, daß heutzutage Mädchen und Jungen offenherzig über Masturbation, Defloration, Pille, Homosexualität, Gruppensex oder Prostitution plaudern, gar nicht davon zu sprechen, daß Liebe, Lust, Sex und Leidenschaft ihnen selbst von sich reputierlich gebenden Medien, wie dem öffentlich-rechtlichen Fernsehen, in ihrer nacktesten Form vorgeführt werden. Das heißt, eine gestattende Gesellschaft hat es möglich gemacht, daß moralische Normen und moralisches Handeln Aspekte aufweisen, die althergebrachten moralisch-sittlichen Konventionen nicht mehr entsprechen. Auch hier kriecht eine gestattende Gesellschaft der Jugend sozusagen in den Hintern, ebenso wie mit Tabus durchbrechenden Filmen, Musicals, Theaterstücken, CD-Texten oder Veröffentlichungen. Und zwar insofern, als diese nicht wie für Erwachsene «Unterhaltung» sind, sondern ein erster Zutritt zu einer größeren Welt als der eines Bauerndorfes oder eines provinziellen Elendsviertels. Daher rührt auch die

Hoffnungslosigkeit aller Verbote, mögen sie von dieser oder jener Instanz, Eltern mit einbegriffen, ausgesprochen und durchzusetzen versucht werden.

So wie es fehlerhaft ist zu behaupten, die permissive Gesellschaft anerkenne nur das Kriterium des Sozialschädlichen, so unzulänglich ist die Erkenntnis, eine mit arschkriecherischen Mitteln wirkende gestattende Gesellschaft impliziere, daß wir es mit einer intelligenten und nicht mit einer schutzbedürftigen dummen Jugend zu tun haben. Ansonsten wäre der Ruf nach Wissen in seiner derzeitigen Form nicht so lautstark. Es ist zu verstehen, daß der Spielraum dieses Verlangens vom Geistigen bis zum Physischen reicht, vom Moralischen bis zum Unmoralischen, von der Bildzeitung bis zur Frankfurter Allgemeinen Zeitung, vom Sachbuch bis zur Sexpostille, dem Videoclip und der Nutzung von Datenbanken.

Hüten wir uns davor, den Einsatz der Arschkriecherei, von welcher der von mir aufgezeigten Seiten im Rahmen des Erziehungsprozesses er auch komme, schlechthin als ein Laster hinzustellen. Hat sie doch als Zweckideologie im Alltagsleben eine soziale Funktion, es sei denn, sie werde in einem solchen Maße überzogen, daß sie sich als ein System des Machterhalts und der Machtkontrolle erweist. Dann nämlich verlören wir den Respekt voreinander, ja den Respekt vor dem Leben als unserem höchsten Gut.

Anpassung

Freiwillige und erzwungene
Konfliktvermeidung

A. Paul Weber:
Gerettet (1966)

Ich hatte lange gezögert, «Anpassung» bzw. das «Sichanpassen» mit den Kunstfertigkeiten der Arschkriecherei in Verbindung zu bringen. Ist es doch im Grunde genommen ein normaler, um nicht zu sagen argloser Vorgang, wenn es um das Anpassen an einen Menschen, an ein Objekt oder eine Situation geht: Man akzeptiert die Realität und unterwirft sich ihr. Erst wenn die Anpassung schräge Wege geht, wenn sie sich herbeiläßt, Honig um den Mund zu schmieren, dann nämlich ist sie aus dem guten Gewissen entlassen, geht sie von Grundsätzen ab und verliert ihre Qualität. Denken wir nur an zwei Koryphäen unseres geistigen Lebens, den Dichter Gerhart Hauptmann und den Komponisten Richard Strauss, und die Eile, mit der sie dem Hitlerschen Regime untertänigst ihre Reverenz erwiesen haben. Anpassung kommt also nicht so einfach daher, daß sich sagen ließe, sie bestehe aus einem Einfügen aller Arten. Ansonsten würden wir nicht diejenigen beloben, bewundern oder verachten, die es verstehen, im Sagen wie im Handeln alle Mittel der Anpassung für die ihnen eigenen Zwecke einzusetzen.

Im Vordergrund steht die Suche nach Erfolg, ausgerichtet auf Ansehen, Gewinn oder sozialen Aufstieg, auf Beliebtheit oder Integration in eine Gruppe, eine Organisation oder ganze Teilbereiche der Gesellschaft. Alltäglicher gesagt, bewegt sich der Erfolg der Anpassung mit oder ohne Einsatz des Mittels der Arschkriecherei in Richtung des Durchkommens, des Nichtaneckens, der Ungeschorenheit. Das beantwortet allerdings nicht die Frage, welches das innere Objekt der Anpassung ist, was also eigentlich angepaßt wird, wenn einer sich anpaßt. Die Antwort kann nur lauten: seine Verhaltensweise, sein *Sichverhalten*. Damit entferne ich mich von dem aus der Biologie hervorgegangenen Denkmodell der «Anpassung an die Umwelt», kehre zurück zum Handeln als einer Verhaltensweise, bei der sich Anpassung als ein Sichverhalten erweist. Zusammen mit Kriecherei, falls sie als Mittel eingesetzt wird, ist Sichverhalten weitgehend eine zur Gewohnheit gewordene Verhaltensfigur. Ob und wieweit die gesamte Lebensführung von Anpassung durchzogen ist, hängt von den Antriebskräften der Person ab sowie, übrigens ebenso wie bei der Arschkriecherei, vom Funktionieren dieses vorgeformten Verhaltensmusters.

Zur Einstimmung auf das Thema «Anpassung» als eine der Erscheinungsformen von Arschkriecherei wäre so manches Soziologisches zu sagen. Beispielsweise wäre noch von Nichtangepaßtheit und ihrem Verhältnis zur kulturellen Verspätung zu sprechen oder die Frage aufzurollen, ob sich der Mensch nicht nur dem System anpaßt, sondern das System sich auch ihm. Doch ich muß enttäuschen – falls es eine Enttäuschung sein sollte –, will ich nicht Gefahr laufen, lehrbuchhaft vor lauter Bäumen nicht mehr den Wald zu sehen und den Leser in eben seinem «Sichverhalten» zu betören und zu verwirren.

Lassen wir uns unsere Entdeckungsfreude nicht nehmen und sehen der Anpassung – diesem Zustand von Unstimmigkeit und Ungleichheit von Zielen und Mitteln – in das mehr oder minder von Arschkriecherei getrübte Auge. Dabei werde ich wie immer den Alltag betreten, ob er sein Licht auf das Individuum oder auf ein Kollektiv wirft. Niemandem, auch mir ist es nicht gegeben, der bestehenden

Unzahl von Anpassungsvorgängen nachzugehen, und so bleibt nichts anderes übrig, als diesen oder jenen Vorgang aufzugreifen, der, wenn er sich auch nicht als grundtypisch dartut, seine Bedeutung im Zusammenhang mit dem kriecherischen Gebaren und seinen Künsten offenbart.

Nun könnte ich es mir leichtmachen und auf der untersten Ebene der Anpassung liegende banale Belanglosigkeiten heraussuchen, die dann in platten Weisheiten gipfelten, wie etwa «Immer etwas Lehrreiches oder Verbindliches von sich geben» oder «Nie von Dingen reden, die außer dir jemanden interessieren können», oder «Die Schwächsten in Gesellschaft nicht lächerlich machen» sowie die Rufe «Quatsch dich aus» oder «Fasse dich kurz». Wir haben die Meßlatte höher zu legen, und da bietet sich – immer alltägliches Geschehen im Blick – ereignisreich die Beziehung bzw. die Kommunikation zwischen Mann und Frau an. Im idealtypischen Fall wird bei einer Partnerschaft erwartet, daß jeder der Partner genau so fühlt und denkt wie der andere. Doch das wäre geradezu «unmenschlich» und wenig lebensnah. Es schlösse jedweden Meinungsaustausch, jede argumentative Anregung aus und damit auch jeden Streit und Konflikt: Die Kommunikation würde in sich selbst, in tödliche Langeweile, in Autismus ohne Grenzen versinken. Diesem «Untergang» muß allein schon um der Selbsterhaltung willen entgegengewirkt werden. Das heißt, soweit Konflikte ihre eigene Dynamik entwickeln, entwickeln auch ihre Lösungen, zumindest aber ihre Beschwichtigungen, eine eigene Dynamik. Der Einsatz von Arschkriecherei ist hierfür eines der probaten Mittel.

Unter ihnen setze ich an erste Stelle die aus Blicken und Gesten bestehende wortlose Körpersprache, so wie sie dem natürlichen Empfinden entspricht. Ob sie aus einem wehmutsvollen oder einem kindisch verspielten Blick oder aus einer demutsvoll geneigten Kopfhaltung besteht, ihr Ziel ist die Herstellung von Friedfertigkeit, selbst unter geheucheltem Vorbehalt. Die Blicke und Gesten mögen in der Hitze des Streites als aufrichtig oder gespielt entgegengenommen werden, ihr kriecherisches Element liegt in der Nähe von Unterwerfung, von unterwürfiger Zurschaustellung.

Von beträchtlicherer Bedeutung für die Beschwichtigung von Konflikten zwischen Mann und Frau ist die sprachliche Anpassung. Da Streitereien meist mit Vorwürfen begleitet sind bzw. darauf beruhen, wird der mit der Kunst der Arschkriecherei Vertraute Auftrumpfen zu vermeiden wissen, wird sich den Eröffnungssatz der Auseinandersetzung gut überlegen. Er wird Komplimente oder gar einen Scherz einflechten, um ja nicht den Verdacht der Bevormundung durch «Ach, hör auf» oder «Ich will davon nichts hören» zu erwecken. Denn so wie es gegen alle Regeln der Kriecherei ist, nicht zuzuhören, ist es auch eine Herabsetzung in den demütigenden Stand der kriecherischen Offensichtlichkeit, wenn Bedürfnisse – darunter meist die Berufung auf die Klärung eines Mißverständnisses – sprachlich ungestaltet vorgebracht werden. Was dabei in der Hitze des Gefechts geschieht, lasse ich als unkontrollierbar außer acht; auch das ungeschulte Gerede von Lebenshilfe, diesen Nöte heraufbeschwörenden Gemeinplatz.

Was in diesem Zusammenhang ungern angesprochen wird, ist Sex bzw. Sexualität, obwohl doch die Hülle ihrer Intimität längst gefallen ist. Was uns früher am Sexleben der Ameisen demonstriert wurde, finden wir heute in jedem zweiten Kino- oder Fernsehfilm liegend oder stehend, wild oder milde, hart oder zärtlich vorgeführt. Und worüber man früher nicht sprach, sondern es nur tat, füllt heutzutage ganze Seiten populärer, für Jugendliche oder Erwachsene gedachter Zeitschriften. Das ist auch gut so; denn es bezeugt die Überwindung prüder Vorurteile, puritanischer Gesinnungen und von den Kirchen und selbsternannten Moralisten aufgestachelter Sündhaftigkeit. Die über dem Sexakt schwebende Verblendung und die damit verbundene Geheimniskrämerei sind verschwunden, was nicht zuletzt dem wissenschaftlichen Studium der menschlichen Sexualität, dem «Sex Research» zu verdanken ist. Er verfährt großzügig und vorbehaltlos und dehnt seine Erkundungen in alle nur denkbaren Richtungen aus: auf das Verhältnis von Gesellschaft und Kultur und die Wege, in denen Sexualität in unterschiedlichen sozialen und kulturellen Milieus und Umgebungen gestaltet ist; ferner auf die Formung sexueller Identitäten; auf die Dynamik sexueller Begierden; die soziale Konstruktion sexueller Gefahren; die Interaktion zwischen Sexualität und Gesundheit und manches andere mehr.

Ohne die Notwendigkeit und den Wert dieser Arbeiten anzuzweifeln, fehlt mir die Beleuchtung eines Drehpunktes bei der sexuellen Betätigung zwischen jungen oder alten, verheirateten oder nichtverheirateten Partnern, nämlich die Bedeutung des Sex für den Zusammenhalt oder auch die Trennung von Paaren. Gerade weil Sexualität nicht nur Trieb oder bloße biologische Notwendigkeit ist, sondern eine ernsthafte emotionale Form menschlicher Beziehungen, besitzt sie – als ein von Gott geschaffenes Mysterium – Kräfte, die über das rein Physische hinausgehen. Ich glaube sagen zu können, daß es wenig Sinn hat, überdies auch nicht der Wirklichkeit des Alltags entspricht, scheinheilig von der Hand zu weisen, daß vom Umgirren und Verführen über das Verlieben und das legale oder anarchische Zusammenleben bis hin zur Aufgabe, das Sexuelle, dieses «Gefühl» besonderer Art, Anreiz und Bindekraft zugleich ist. Das heißt, es bedient sich des Sozialen, wobei seine Dynamik von Fall zu Fall so stark variiert, daß sich ihre Manifestationen eher einschätzen als direkt beobachten lassen. Nur eines ist sicher, dort, wo Zusammenhalt unter glücklichen oder unglücklichen Umständen erwünscht ist, müssen sich die Partner aneinander anpassen, handle es sich, krude gesagt, um Sexualimponieren oder Enthaltsamkeit.

Doch wo befinden sich bei der Anpassung an die sexuellen Verstrickungen die Schlupflöcher für die Arschkriecherei? Da ich nicht beabsichtige, mich lächerlich zu machen, indem ich zur Erfassung und Analyse besagter Gefühle konstruktive Methoden bzw. Modelle vorlege oder Bedürfnisse und Gefühle mit äußeren Handlungen belege – etwa sich widerwillig «öfter hingeben» –, wende ich mich sozialen Elementen zu, die das Leben der Gesellschaft beeinflussen und bestimmen. Hier komme ich als erstes zur Bekundung des *Wertes* der Person. Unterliegt doch der Geschlechtsverkehr sowohl der Ordnung der Natur, das heißt der Fortpflanzung, als auch der Ordnung der Person, das heißt der Liebe und Lust. Jeder Akt, ob dabei ein Kind zu zeugen beabsichtigt ist oder ob er als Ziel die liebende oder lustvolle Hinwendung zum Partner hat, anerkennt in angepaßter Weise den Wert der Person. Das kann sowohl unverstellt als auch hinterhältig geschehen, das heißt, die personale Gestaltung der geschlechtlichen Vereinigung öffnet die Türen zur Kriecherei, und zwar eine solche, die auf der Klaviatur der *Befindlichkeit* spielt.

In diesen Zusammenhang gehört auch die Gabe des Menschen, angeborene Triebe abzuwandeln, beispielsweise die Sexualität nach seinem eigenen Menschenbild zu gestalten. Entweder beruft er sich dabei auf die ihm von der Natur gegebenen anatomischen und physiologischen Möglichkeiten seines Körpers, oder er zündet ein Feuer aus Zärtlichkeit und Dankbarkeit an. Diese rationale und emotionale Steuerung, echt oder gemimt, setzt sich anpassungsfähig einerseits der Verantwortung für das körperliche und seelische Wohlbefinden des Partners aus, andererseits, und dazu ist jedes kriecherische Mittel gut und billig, der Verantwortung für die Bewahrung der eigenen Persönlichkeit, will sagen, der Vermeidung von Hörigkeit.

Noch mehrere andere Blickpunkte über sexuelle Anpassung mit und durch das Mittel der Kriecherei können angeführt werden. So zum Beispiel die Bestimmung des Geschlechtsverhältnisses durch die Dominanz des Mannes und die sich hiergegen verwehrende emanzipatorische Frauenbewegung, über der – besonders was Sex und Sexualität betrifft – stets der Verdacht der Heuchelei schwebt: Nach außen hin gegen etwas kämpferisch protestieren, zu dem man sich menschlicherweise im stillen Kämmerlein gerne hingibt. Auch ließe sich von der Erforderung der emotionalen Reife bei der geschlechtlichen Begegnung sprechen, bei der Werte erkannt und gepflegt werden, die über das in Film- und Fernsehdarbietungen vorgeführte, aufgesetzte, Leidenschaft vorspiegelnde und drum kriecherisch anmutende Gestöhne hinausgehen. Erwähnen sollte ich noch das Zusammengehen von physischer und geistiger Entfaltung, die Zurückstrahlung auf eine von Arschkriecherei freie, angepaßte Befindlichkeit.

Man darf wohl sagen, daß die Diskussion über Anpassung unter Mitwirkung von arschkriecherischen Handlungen bis hierhin recht milde ausgefallen ist. Das hat seinen guten Grund. Denn ich bin von einer Anpassung bzw. einem Anpassungstrieb ausgegangen, der in des Menschen Natur gelegen ist und von dorther eine Kraft besitzt, der nur schwer zu widerstehen ist. Ich habe durchgehend ein Anpassungsgebaren vor Augen gehabt, daß im Grunde genommen unerzwungen, aus freiem Willen, eben aus eigener Kraft stattfindet, wenn auch hier und da von einer Brise von Kriecherei umweht. Um es deutlich zu sagen: Wir hatten es bisher nur mit einer von zwei Kategorien der Anpassung zu tun, und zwar der der zwangsfreien, bei der Arschkriecherei nur Beiwerk sein kann.

Wie aber ist es um die andere Kategorie bestellt? Was geschieht dort, wo Anpassung unter Zwang geschieht, dort, wo Anpassung mit Arschkriecherei gleichzusetzen ist, wo ganze Völkergruppen als Arschkriecher angesehen werden? Dann kann doch wohl nicht von Anpassung als einem angeborenen Drang nach Selbstbilligung sowie nach Billigung durch andere Menschen gesprochen werden. Jetzt, bei Arschkriecherei als Anpassung und Anpassung als Arschkriecherei, entspringt Anpassung nicht länger dem natürlichen Verlangen des Menschen, bei seinen Mitmenschen gut angeschrieben zu sein, sondern einem so starken und zwingenden Verlangen, daß sie zu ihrer Befriedigung nach dem Einsatz von Kriecherei verlangt.

Es dürfte nicht erstaunen, wenn ich als Jude die Gruppe meiner Glaubensgenossen, dieser ethnischen Minorität, als Beispiel heranziehe, zumal wir Juden von gutwilliger oder böswilliger Seite schon stets als kompetente Anpasser und Arschkriecher angesehen wurden – was übrigens stimmt, weil es über die Jahrhunderte unser *Überleben* mitbestimmt hat. Ohne philosemitisches Mitleid erregen zu wollen, ist festzuhalten, daß die Geschichte der Juden eine Geschichte des Leidens, eine Geschichte zwischen Verfolgung und Aufbruch ist. Keine der zahllosen, aus alten oder neuen Zeiten herrührenden Teil- oder Gesamtdarstellungen der Geschichte der Juden versäumt es, unzählige Ereignisse, Situationen und Umstände zu dokumentieren, die von *Leiden* getragen sind: Vom babylonischen Exil bis zum Untergang Jerusalems, von der Entzweiung von Judentum und Christentum, den darauf folgenden Pogromen durch die Kreuzzüge und den Verleumdungen mit Bezug auf «Ritualmord» und «Hostienfrevel», bis zur Vertreibung aus Spanien; von der Epoche des Humanismus und der Reformation bis zur emanzipatorischen Aufklärung im 18. Jahrhundert und darüber hinaus bis in unsere Tage – immer wieder dringen «Leiden» wie ein prägender Lebenszuschnitt durch die Seiten der jüdischen Geschichtsschreibung. Dabei darf nicht übersehen werden, daß die von den Juden erfahrenen physischen, existentiellen oder geistigen Leiden oft einem Eigenverschulden entsprangen, und ebenfalls nicht, daß die Geschichte der Juden auch Perioden leidlosen Wohlergehens aufzuzeigen hat.

Bei der Durchsicht der Geschichte der Juden mit Blick auf die Orte, Länder und Kontinente, in denen sie zeitweilig oder dauernd ansässig waren oder noch sind, stehen wir vor einem Bild der Wanderungen rund um den Globus. Ob diese durch Kriege, Verfolgungen, Austreibungen, Gewalttaten oder anderem von außen kommenden Druck hervorgerufen wurden, jedesmal zeitigten die Ortsverschiebungen einen den Juden auferlegten Anpassungsvorgang. Damit spreche ich einen Zustand an, aus dem sich der kompromißlose Begriff des *Zwanges* ergibt. Das heißt, wo immer sich die ethnische Minderheit auch hinwandte, stand sie einer beherrschenden und treibenden Kraft gegenüber, vor der sie sich zu beugen hatte. Diese das Mittel der Arschkriecherei nicht außer acht lassende Unterordnung gehorchte nicht nur der Not, sondern brachte den «Anpassern» und «Arschkriechern» den Zustand ihrer Abhängigkeit und ihrer ihnen zugeschriebenen Inferiorität zum Bewußtsein. Hier werde ich ansetzen und an einem Beispiel die tragischen Umstände aufzeigen, wie Anpassung unter Zwang zur Arschkriecherei führt, fast zu einer Gleichung, bei der es sowohl die Gesellschaft, der Zeitgeist, der Staat als auch Gruppen der Bevölkerung sein können, die Unterwerfung und Demütigung veranlassen.

Als im Jahre 1797 in Düsseldorf Deutschlands unübertroffener Lyriker, der Jude Heinrich Heine geboren wurde, lebte ein Großteil der Juden in Deutschland noch in unterdrückten und unfreien Verhältnissen, die denen des Mittelalters nicht unähnlich waren. Obwohl schon die meisten der Ghettomauern gefallen waren, hinter denen man die Juden zusammengepfercht hatte, blieben freiheitsbeschränkende geschriebene und ungeschriebene Gesetze und Verordnungen in Kraft. Indes, der Zeitgeist der Aufklärung sowie der der Französischen Revolution von 1789, und nicht zu vergessen die von Napoleon durchgeführten Liberationen, verliehen den Juden die Möglichkeiten, sich, wie es heißt, zu emanzipieren und im Zuge dieser Emanzipationsbewegung zu assimilieren – im Sinne von sich anpassen.

Der Gesetzgeber schaltete sich in die Entwicklung emanzipatorischer und assimilierender Lebensweisen der Juden ein. Da war erstens das Edikt über die Bürgerrechte der Juden, das sogenannte «Hardenbergsche Judenedikt» vom 11. März 1812, also zu einer Zeit, als der fünfzehnjährige Heine noch zur Schule ging. Zweitens war da die Kabinettsorder des reaktionären Königs Friedrich Wilhelm III. vom 18. August 1823, also zu einer Zeit, als Heine im vierten Jahr seines Jurastudiums war, durch die viele der den Juden durch das Hardenbergsche Judenedikt zuerteilten bürgerlichen Rechte wieder außer Kraft gesetzt wurden. Dies war ein Schlag ins Gesicht der jahrzehntelangen Bemühungen um die Integration der jüdischen Bevölkerung in das soziale wie das kulturelle Staatswesen. Was den Juristen Heine betraf, der Aspirationen hatte, eventuell die Universitätskarriere einzuschlagen, war es das Ende dieses Traums, denn die königliche Kabinettsorder erließ unter anderem, daß die Juden in Preußen nicht mehr zu Schul- und Lehrämtern zugelassen wurden.

Heine durchlebte seine Kindheit und Jugend in einer Atmosphäre der Gleichberechtigung im Kreise einer Familienbande, bei der die Zugehörigkeit zum jüdischen Glauben sowie seine Betonung und rituale Ausübung eine weitaus geringere Rolle spielte als die Anpassung an die Position Jude und damit auch an ihre gleichberechtigte Festigung in der sie umgebenden nichtjüdischen Welt – eben was schlechthin als Assimilation bezeichnet wird. Von Religiosität im Sinne von Glaubensträchtigkeit und Befolgung der Gesetze und des Ritus war keine Rede. Man war das, was bis auf den heutigen Tag als ein «assimilierter Jude» bezeichnet wird, eine dem jüdischen Glauben angehörende Person, die, ohne sich vom Judentum losgesagt zu haben, die Kultur des Landes, in dem sie lebt, in Lebens- und Denkweisen bei sich soweit wie möglich integriert hat.

Im Juni 1825, knapp einen Monat vor seiner Promotion, tritt Harry Heine zum Protestantismus über und ändert seinen Rufnamen in Heinrich. Diesem einschneidenden Ereignis im Leben Heines sind von seinen Biographen schon Hunderte von Seiten gewidmet worden. Allemal werden zum einen die Gründe für seinen Übertritt beleuchtet, zum anderen die Folgen im Leben und Denken des Dichters. Ich habe nicht die Absicht, dies alles hier zu resümieren. Nur soviel kann ich sagen, daß Heine keine religiösen Gründe bewegt zu haben scheinen, sondern nur solche, die für ihn der Vervollständigung einer Teils-teils-Assimilation ohne Arschkriecherei entgegenkamen. Als da waren: der Versuch, dem immer noch bestehenden großen Teil der Rechtlosigkeit als Jude zu entgehen; hiermit im Zusammenhang stehend, durch Taufe den Assimilations-prozeß bis dorthin zu führen, wo sich eine erfolgreiche Laufbahn vor allem im Akademischen eröffnet; und nicht zuletzt die Belastung mit der jüdischen Kultur zugunsten des Vorrangs der deutschen bzw. europäischen Kultur abzuwerfen, ein Grund, der durch den immer wieder zitierten Ausspruch Heines in der Schrift «Gedanken und Einfälle» untermauert wird: «Der Taufzettel ist das Entreebillet zur europäischen Kultur.»

Nichts von alledem hat sich eingestellt. Und so sehen wir, wenn wir von hier aus den Lebenslauf des konvertierten Heine betrachten, daß sein Bemühen, sich als Advokat in Hamburg niederzulassen, scheiterte, ebenso wie der Versuch, in Berlin eine Professur zu erwirken oder an der Münchner Universität einen Lehrstuhl für Literatur zu erlangen. Ganz im Gegenteil: Seine kriecherische Konzession an die christliche Gesellschaft, um der sich Assimilation nennenden Anpassung einen Schlußpunkt aufzusetzen, hatte ihren Zweck nicht nur nicht erreicht, sondern brachte ihm, wie so manchen Renegaten, abgrundtiefe Feindschaften ein. Es sollte nicht lange dauern, ungefähr ein Jahr nach der Konversion, daß er einem Freund schrieb: «Ich bin jetzt bey Christ und Jude verhaßt. Ich bereue sehr, daß ich mich getauft hab; ich seh noch gar nicht ein, daß es mir seitdem besser gegangen sey, im Gegentheil, ich habe seitdem nichts als Unglück.» Ja, in der Tat, das Taufunternehmen war ein Fehlschlag, sowohl für Heine persönlich als auch für sein Assimilationsbestreben. Nach wie vor mußte er in einer mit antijüdischen Vorurteilen befrachteten Umgebung leben, in der er sich nicht frei entfalten konnte. Es trieb ihn die Qual des «nie abzuwaschenden Juden», wie er schrieb, «von hinnen» – er emigrierte nach Paris.

Wie Heine ist es so manchen Juden ergangen, die entweder aus Überzeugung, aus Anpassung oder aus Zwang und Not ihre Konfession ablegten und zur christlichen übergingen. Der Jude Gustav Mahler beispielsweise wäre nie Hofoperndirektor in Wien geworden, wäre er nicht vorher zum Katholizismus übergetreten. Nicht anders erging es, um der Karriere willen, dem Kölner Judenjungen Jakob, genannt Jacques Offenbach, und vielen hier nicht alle anzuführenden jüdischen Wissenschaftlern, deren Eintritt in die akademische Karriere so lange blockiert war, bis sie zum Christentum übertraten – ein Zustand übrigens, der in Deutschland bis in die zwanziger Jahre unseres Jahrhunderts andauerte.

Wenn wir uns schon in der Gegenwart befinden, bleiben noch die vielen vollauf assimilierten deutschen, österreichischen, ungarischen, polnischen und tschechischen Juden zu erwähnen, die, um der Gefahr der Vernichtung durch die Nazibanden zu entgehen, sich taufen ließen, was, wie wir wissen, nichts geholfen hat. Denn mit ihnen trieben es die Nazis wie mit Deutschlands größtem Lyriker Heinrich Heine, den sie als Jude in die Unbekanntheit vertrieben, wenn nicht gar in den Tod.

Die Gleichzeitigkeit von erzwungener Anpassung und erforderlicher Arschkriecherei, hier am Beispiel einer jüdischen Geistesgröße dargestellt, berührt angesichts seines Judeseins einen jeden Juden. Entweder erfährt er sie an sich selbst, erkennt sie an seinen Glaubensgenossen, an seiner sozialen und kulturellen Position oder weiß davon durch Überlieferung, Erwähnung in den Gebeten, im Religionsunterricht, vordringlich durch Berichte über Vertreibung, Massenmorde, Auswanderung, Diskriminierung oder antisemitische Auswüchse. Nicht ein oft heraufbeschworenes Geschichtsbewußtsein führt diese Erkenntnisse an, sondern das sich als Kollektivgedächtnis und Kollektivgewissen bekundende Kollektivbewußtsein, welches sich die Geschichte des Leidens als Geschichte des Kollektivs zu eigen gemacht und in sich eingegraben hat. Unentwegt projiziert es die historische Vergangenheit auf die Gegenwart und eine hoffnungsfreudige Zukunft, immer wieder berührt es das Judesein. Es prägt die Determinanten einer Schicksalsgemeinschaft, mit der der einzelne selbst dann verbunden ist, wenn er nie zu leiden hatte oder sie verlassen, sich von ihr abgesondert hat, oder sie als Agnostiker oder Renegat verneint oder gar bekämpft. So wie die Geschichte des Leidens auf den Schultern eines jeden Juden liegt, ist auch das in Erscheinung tretende Real-Erfaßbare bei jedem Juden durch den Geist der Bewährung im Überleben geprägt. Wehe, wer ihm Anpassung mittels der Kunst der Arschkriecherei verarge.

Entsorgung

Von Tätern und Opfern

Carl Spitzweg:
Zollbeamter bei der Visitation
(um 1860)

Auf meinem Weg durch die Abbilder von Arschkriecherei bin ich mehr als einmal dem Begriff «Korruption» als einem verwerflichen Handeln begegnet. Ich habe dem für mein Thema keine sonderliche Bedeutung zugemessen, denn was hat es schon mit Kriecherei zu tun, was vergebe ich mir, wenn ich im Restaurant dem Maître d'hotel zehn Mark in die Hand drücke, um für mich und meine Gäste einen bequemen Tisch zu bekommen? Ohne kriecherische Demütigung oder Zwang hat ein Gefälligkeitserweis stattgefunden, den man nur zur Not als Bestechung bezeichnen kann. Aber ist das auch der Fall, wenn Bestechung, dieses Markenzeichen der Korruption, in bedenklichem Ausmaß das politische, wirtschaftliche und soziale Leben durchzieht? Steht hierbei Arschkriecherei außer Gefecht, oder bezeugt sie ihre Mitwirkung? Das heißt, habe ich Korruption, ob sie als Bestechung, Ämterpatronage, Vorteilsnahme, Vorteilsgewährung oder Anfüttern daherkommt, als Arschkriecherei in mein Alltagsbrevier aufzunehmen oder, um einigen Untergangsmoralisten das Wort zu reden, Arschkriecherei, gleich wie sie sich zeigt, als Korruption, ja als etwas Strafbares anzusehen?

Ich höre sagen, was scheren mich derartige Beziehungsgeflechte, wenn ich tagein, tagaus von Korruptionsskandalen lese, von Schmiergeldern für Beamte, vom politischen Sumpf der Gefälligkeiten, vom Einfluß der Korruption auf Verwaltung, Polizei und Justiz und nicht zuletzt von Korruption als Wirtschaftskriminalität – also gleichgestellt mit Steuerhinterziehung, Subventions-, Versicherungs- und

Konkursbetrug, Waffen- und Menschenhandel, Wucher-geschäften von Miethaien bis hin zu Veruntreuung und Betrugsdelikten. Wer so spricht, will sagen, wer Korrup-tion, ob durch Wort oder Geld, durch Begünstigung, Ränke oder Willenslenkung, Versuchung, Druck oder An-stiftung, von vornherein als eine Straftat, als ein kriminel-les Vergehen ansieht, übersieht nicht nur ihre Bedeutungs-breite, sondern auch die Bezugnahme auf Sittenverderbnis und Sittenverfall. Bedenke man doch, was es bedeutet, wenn es heißt, daß Korruption derzeit wie in Italien auch in Deutschland zum System gehöre. Verleiht dieser Ge-danke der Korruption bzw. seinem Geist nicht ein Ge-wicht, das weit über Arschkriecherei hinausgeht? Und zwar dadurch, daß Korruption im alltäglichen Sprachge-brauch stets große Aggregate, also einen Staat, eine Partei oder ein Großunternehmen erschüttern läßt, während die Benennung eines Menschen als korrupt oder als korrum-pierbar diesen mit einem nur möglicherweise strafbaren Makel behaftet.

Es ist eine verzwickte Situation, will man Korruption vom Odium der Arschkriecherei und Arschkriecherei vom Odium der Korruption befreien. Vielleicht liegt es an einer zu eng oder zu breit gefaßten Auslegung und Nutzung des Begriffs, als sei er ein Mädchen für alles. Hierüber müßte eigentlich eine «Geschichte der Korruption» Auskunft ge-ben können, doch meine Suche nach einem Werk dieser Art blieb vergeblich. Was ich diesbezüglich selbst zustande gebracht habe, blieb auch reichlich mager, soll aber doch kurz angeführt werden, um aufzuzeigen, daß mein Entsor-gungsunterfangen sich nicht durch düstere Einschätzun-gen verblenden läßt.

In dem von dem halbmythischen indischen Staatsmann

Kautilja (300 v. Chr.) verfaßten Buch «Arthaschastra» (deutsche Übersetzung: «Welt und Staatsleben», Leipzig 1926) habe ich gelesen, daß es keine Regierungsdiener gibt, die nicht Geld für sich selbst nehmen oder ein wenig von den Einkünften des Königs verzehren. Auch als um das fünfte Jahrhundert das antike Griechenland vom Stadtstaat Abschied nahm, soll Korruption ein recht seriöses Ausmaß angenommen haben. Stichwortartig weitergehend, berichtet uns die Geschichtsforschung, wie Siege, Prunk, Beuten und Reichtum Korruption auf breiter Basis in die Verwaltung des Römischen Reichs einbrachten. Im Heiligen Römischen Reich dann dehnte sich die Korruption in Staat und Kirche, angesichts der dauernden Suche nach Einkünften sowie durch die sozialen und ökonomischen Ungleichheiten, so weit aus, daß der Philosoph und Staatsmann Francis Bacon von ihr als einer der vier Laster der Amtsgewalt sprach. Und als über die Jahrhunderte die Stellung des Parlaments immer mehr an Bedeutung gewann, wurden Bestechung und Korruption geradezu zu einem organisierten Merkmal bei den Parlamentswahlen.

Diese wenigen geschichtlichen Hinweise sollen lediglich zeigen, daß Korruption nicht erst von heute ist, ja, daß wir ihrem Bild mit ein wenig Anpassung an den Geist unserer Zeit und unserer Gesellschaft das immer gleiche Erscheinungsbild entgegenhalten können. Allerdings wäre es wirklichkeitsfremd, auch die Motive und Motivationen des Gesamtkomplexes Korruption in Vergangenheit und Gegenwart über einen Kamm zu scheren, so verwegen wie deren Gleichstellung mit denen der Arschkriecherei. Im Gegensatz zur Arschkriecherei ist jeder Fall von Korruption ein dramatisiertes Konstrukt, maßgeblich für die

Struktur der Motive. Und zwar besteht es der Reihenfolge nach aus:

– einer *Handlung*: was hat in Gedanken und Tat stattgefunden;
– einer *Szene*: der Hintergrund der Handlung, die Situation, in der die Handlung sich ereignet;
– einen oder mehreren *Handelnden*: welche Person oder welche Art von Person führt die Handlung aus;
– einer *Vermittlung*: welche Mittel werden verwendet;
– und letztlich aus dem *Zweck*: was soll erreicht werden.

Im Gesamt gesehen verdeutlicht sich uns die Motivation irgendeines Falles von Korruption durch die Beziehung zwischen Szene und Handlung, Szene und Handelnden, Szene und Vermittlung und Szene und Zweck. Soziales Handeln wird eingesetzt, und zwar als ein Mittel, um ein Individuum zu verführen, um politische, wirtschaftliche, rechtliche Gesamtheiten von ihren Pflichten abzubringen, um das Wohl des Gemeinwesens zu untergraben und ähnliches mehr. Es ist für den Geist der Korruption als soziales Handlungsmittel grundlegend, alles dasjenige zu zerstören, was im Zusammenleben der Menschen als redlich, ordentlich, regelrecht und vollkommen gilt, und zwar ohne Rücksicht auf die Entstellung der Ehrbarkeit, der Unschuld, der Stichhaltigkeit oder gar der Heiligkeit. Verderbtheit in Richtung Zerrüttung, Habsucht, Verunstaltung und Entmenschlichung führt die Korruption an – Grund genug, gegen sie anzugehen, sie unter Strafe zu stellen.

Ich gebe zu, daß ich bei der notwendigen Abgrenzung zwischen Korruption und Arschkriecherei einer der Nüch-

ternheit des Soziologen wenig zukommenden Pathetik an-
heimgefallen bin. Aber es galt, den relativ leicht wahr-
nehmbaren Verstoß gegen geltende Normen – also wie bei
der Korruption das Anbieten und Annehmen von Beste-
chungsgeldern oder der Mißbrauch eines öffentlichen Am-
tes – nicht mit der einen oder der anderen der Formen der
Arschkriecherei bzw. mit ihrem verinnerlichten Charakter
einer auf den ersten Blick undurchsichtigen Kunst zu ver-
mengen.

An dieser Stelle erhebt sich die Frage, wie ich so wag-
halsig sein kann, Arschkriecherei mit dem uns so hehren
Begriff der Kunst in Zusammenhang zu bringen, anstatt
zurückhaltender und einschränkender nur von einer *Kunst-
fertigkeit* zu sprechen. Das wäre durchaus gerechtfertigt,
wenn ich kriecherisches Verhalten von Anfang dieses Bre-
viers an nicht mehr oder minder als ein mal geschicktes, mal
ungeschicktes Versteckspiel angesehen hätte, das weder anzuklagen noch zu rechtfertigen, noch bloßzustellen ist,
kurzum in der Oberflächlichkeit des Alltags verschwindet.
Zur Erreichbarkeit eines solchen fadenscheinigen Zwecks
genügt es, eine Art Liste von demjenigen zusammenzustel-
len, was der Arschkriecher, gegen gesellschaftliche Normen, Sitten und Moral verstoßend, *wahrnehmbar* tut.

Eine solche Anleitung zur Kunst der Arschkriecherei
enthielte unter anderen die folgenden Richtschnuren:

– Man würze die auf Arschkriecherei zielende Unterhaltung nicht nur mit Anspielungen, sondern auch mit
  Zweideutigkeiten.
– Man erwecke Neugierde des zu Umgirrenden durch um
  den Brei herumgehende Fragen, ohne die Befindlichkeit
  zu beschweren.

- Man versetze den Gesprächspartner durch unangenehme und beunruhigende, aber auch vergnügt-witzige Nachrichten in Verlegenheit.
- Man komme nie sofort zur Sache, das heißt, man spreche nie mit wenigen kurz angebundenen Worten, sondern mache die Sache durch Weitschweifigkeit interessant.
- Man gebe sich offenherzig, um nicht den Eindruck zu erwecken, Schwächen und Furcht zu verdecken.
- Man erlaube seinem Opfer, sich von seiner vorteilhaftesten Seite zu zeigen.
- Man bestehe darauf, niemanden zu verletzen, sondern sich in seine Lage zu versetzen.
- Ob durch das Bezeugen von Verschwiegenheit, Lob, Leichtigkeit im Umgang, Treue, Gefälligkeit, stets ist zu bedenken, daß es darum geht, Menschen zu eigenem Endzweck zu gebrauchen und jeden nach Belieben für eigennützige Absichten in Bewegung zu setzen.

Zwar folgt das hier an einigen Beispielen aufgezeigte arschkriecherische Handeln dem Prinzip der Produktion von Nutzen, jedoch ist es unverkennbar von geradezu unbehauener Einfalt geprägt. Um zu einer Kunst im Sinne einer Fertigkeit aufzusteigen und nicht bei bloßer Intuition zu verbleiben, bedarf es der Verfeinerung, so wie bei allen Formen des täglichen Lebens. Diese bis zur kunstvollen Vervollkommnung führende «Verfeinerung» beginnt im allgemeinen bei einer Lernphase und führt über Übung und Wiederholung zu jener Selbständigkeit und Selbstverantwortung, die wir *Beherrschung* des Tuns zu nennen pflegen. Erst dann nämlich kann mit Arschkriecherei strategisch klug und sinnvoll umgegangen werden, kann sie sich in schwierigen Situationen erhalten, kann selbst unter ungünstigen Voraussetzungen erfolgreich sein und auf die Standfläche der Verderbnis führen. Da es jedoch bei der Arschkriecherei keinen ausgemachten Lernprozeß gibt, allenfalls einen Imitationsprozeß, und erst recht keine Übungsvorgänge – wohin also blicken, um der Berechtigung oder der Nichtberechtigung des kriecherischen Handelns die Grundposition für eine Entsorgung zu verschaffen? Vielleicht hilft trotz aller Bedenken hier ein Rückgriff auf Intuition, auf gefühlsmäßiges, instinktives Erfassen und Begreifen.

Immerhin wird geltend gemacht, daß sich die Erkenntnis des Inneren der Wirklichkeit nicht von der Vernunft ableite, sondern von der Intuition. Das aber kann einem sich der Realität «Arschkriecherei» als Empiriker Annähernden nicht zusagen. Denn anstatt uns entdecken zu lassen, wie die Dinge in und für sich sind, zerstückelt die Intuition die anhaltende wie die sich bewegende Realität in zusammenhanglose und unbewegliche Bruchstücke, was in keiner Weise das kriecherische Handeln im Rahmen der realen bzw. praktischen Vernunft erleichtern oder fördern kann. Noch sind wir nicht darüber hinweg, daß die Vernunft die einfachen wie die schwierigen Aktivitäten des Denkens durchdringt; daß alle Erkenntnis das Werk der Vernunft ist. Die unzusammenhängenden Elemente der Intuition, auf deren Schultern allzugerne die Arschkriecherei gelegt wird, können hingegen zu keiner wahren Erkenntnis führen.

Wer also davon ausgeht, mittels der oben angeführten arschkriecherischen Einfältigkeiten könne man aus den Menschen machen, was man wolle, wenn man nur verstehe, sie bei ihren schwachen Seiten zu nehmen, der verstrickt sich unweigerlich in ein Ringen zwischen Rationalismus und Irrationalismus, führt den Menschen hinweg von den Aspekten der *moralischen Realität*, die uns in unserem Handeln, so auch bei Arschkriecherei, nolens volens leiten. Oje, höre ich sagen, warum in das Feld der Moral vorstoßen, wenn es doch genügt zu zeigen, daß dort, wo die praktische Vernunft abwesend ist, alle Appelle an sie nutzlos sind. Gewiß, begänne ich zu moralisieren, wäre ich auf dem falschen Weg. Denn Debatten über Verfehlungen angesichts arschkriecherischen Verhaltens bringen uns keinen Schritt weiter, wären nur eine Art von Ersatzhandlung, lenkten vom eigentlichen Thema ab. Wer sich einer Sache aus dem Alltagsleben zuwendet, sollte nicht – wie es meistens der Fall ist – vor der Schwierigkeit zurückschrekken, moralische Positionen zu bestimmen. Denn was ist schon nennenswerter bei der Moral als ihre Anwendung und das Leben?

Wer sich der Arschkriecherei in welcher Form auch immer bedient, steht zwei Entfaltungen der moralischen Realität gegenüber: der objektiven und der subjektiven. Die objektive setzt sich aus einem von der Gesellschaft entwikkelten Gesamt aus Maximen und Verhaltensregeln zusammen. Als moralische Regeln schreiben sie vor, wie man sich gegenüber dem Mitmenschen zu verhalten habe. Wird wie bei der Arschkriecherei gegen sie verstoßen, dann ist es nicht die besondere innere Beschaffenheit der Handlung, die eine Sanktion, eine Strafmaßnahme nach sich zieht, sondern, wenn überhaupt, daß die Handlung nicht mit den von der Gesellschaft für pflichtig gehaltenen Regeln übereinstimmt. Bei der subjektiven Entfaltung der moralischen Realität richtet sich Arschkriecherei direkt gegen den Menschen als einer quasi «geheiligten» Persönlichkeit.

Durch das Eindringen in ihre Umschließung wird sie, ebenso wie das eigentlich Gute, verletzt.

Ob kriecherisches Verhalten von Beharrungsvermögen, Enthusiasmus, Verantwortung, Gefälligkeit, Zweckmäßigkeit oder gar Heroismus angeführt wird, seine reale Moralität wird durch jene Elemente kontrolliert, die unter dem Begriff der «menschlichen Natur», der einträchtigen Befriedigung der individuellen und sozialen Wünsche vor uns steht. Die auf praktischer Vernunft gründenden Aspekte der moralischen Realität bilden das Hinterland für die Arschkriecherei als Zweckideologie. Sie befreien den einzelnen von den Stricken und Netzen der ihn beschränkenden, einschnürenden und manches Mal auf Bedeutungslosigkeit zurückführenden moralischen und gesellschaftlichen Konventionen. Wer die Kunst der Arschkriecherei perfekt beherrscht, wird in seinem Ansinnen stets objektive und subjektive moralische Realität miteinander zu verbinden wissen, schon allein um sich selbst zu entdecken, oder überheblich gesagt: «Um zu sein, was man ist.»

Dieses wegen seiner Anrüchigkeit nur selten berührte und analysierte «Sein» bedarf der Aufmunterung. Denn wenn Arschkriecherei auch nicht im Register strafbarer Delikte steht, trägt sie doch das Vorzeichen einer Täterschaft. Unter welchem Befund wir auch immer kriecherisches Verhalten – die willfährige Bekümmerung um die Handlungen seiner Mitmenschen – beleuchtet haben, stets traten Abfälligkeiten hervor, die sich als Vorteilsnahme, Zwang, Demütigung, Abneigung, Unterwürfigkeit, Eigennutz, Entsühnung oder Auslieferung an die Lächerlichkeit bestätigten. Dort, wo sich Arschkriecherei in ihrer vollen Pracht und Kunst zeigt, vergehen Zeiten und verbleiben Schmerzen.

Dabei wird keine Rücksicht auf das Opfer genommen,

sondern im Gegenteil, es wird der Befriedigung von Wünschen und Begierden nach dem Prinzip, auf Kosten anderer zu leben, freien Lauf gelassen. Ein alltäglicher, erstaunlich unverbogener Interaktionsprozeß steht vor uns, für dessen Motivation gemeinhin der Begriff *Bedürfnis* zur Geltung kommt. Wissen wir doch, daß Bedürfnisse auf das Verhalten des Individuums einwirken, allerdings stets in Verbindung mit aufbäumenden Begehrlichkeiten, mit Vorstellungen, mit Vorlagen und mit Werten. Die Bedürfnismotivation der Arschkriecherei mit Milieu, mit Situationärem oder Stimulus-Reaktion-Folgerungen in Verbindung zu bringen, scheint mir falsch zu sein. Denn das brächte die Arschkriecherei in die Nähe einer Notwendigkeit, einer Anforderung des sozialen Lebens, entfremdete sie und beraubte sie ihrer hervorstechendsten Eigenschaft: der *Freiwilligkeit*.

Mit Ausnahme eines gesellschaftlichen Drucks, wie ich ihn im Kapitel über Anpassung am Beispiel einer ethnischen Minorität, den Juden, aufgezeigt habe, wird niemand von außen her weder zur Arschkriecherei gedrängt noch gezwungen. Der Arschkriecher handelt frei, liebt die Arschkriecherei und zeigt sich eben darum ihrer «würdig». Ohne Bezug auf den zu erreichenden Nutzen oder den anzurichtenden Schaden und auch ohne Bezug auf inkriminierende Untugenden, Laster oder Immoralität fixiert der Kriecher für sich frei einen Wert, einen *Selbstwert*, den er danach bemißt, was er schätzt und was er als wertlos erachtet. Dieser über den Sachwerten stehende Selbstwert, durch den sich der Arschkriecher von seiner Täterschaft als ungerechtfertigt, unmoralisch oder gar kriminell entsorgt, enthält jenen Glauben an sich selbst, der da sagt: «Ich bin besser als der andere.»

Von hier aus ist kein weiter Weg zur *Eigenliebe*. Soweit Arschkriecherei so kunstvoll gehandhabt wird, daß sie einem Gefälligkeitserweis ähnelt, ist sie das Unterpfand für das Paradox, zu gleicher Zeit Täter und Opfer zu sein. Einerseits durch den Wunsch hervorgerufen, selbst nie getäuscht zu werden, andererseits aber es nicht von der Hand zu weisen, umschmeichelt zu werden, wird Eigenliebe geistig und emotional durch eine sich bis zum Haß steigernde Abneigung gegen die Wahrheit gestützt. Angesichts dieser Verlegenheit fühlt sich der Arschkriecher in seinem Verhalten angetrieben, die Wahrheit gegenüber dem anderen wie gegenüber sich selbst zu zerstören, seine Fehler bzw. seine Unvollkommenheit zu verbergen. Es ist fraglos ein Übel, heißt es bei Pascal in den «Pensées», voller Fehler zu sein, aber es ist ein noch größeres Übel, es zu sein und sie nicht kennen zu wollen, weil das heißt, daß man ihnen willentlich noch den Betrug hinzufügt.

Ohne diesen Entsorgungsvorgang des Entsagens an die Liebe zur Wahrheit zu weit von der gelebten Realität hinwegzuführen, ist in Betracht zu ziehen, daß der Arschkriecher bisweilen in die Lage versetzt wird, zu tolerieren, was er weder will noch liebt, noch respektiert. Und da sich das schon im Verlauf unserer diversen Erkundungen erwiesen hat, darf nicht ohne eine gewisse Unfertigkeit gesagt werden, daß Respektlosigkeit nicht immer ein Vergehen ist, Haßbezeugungen manches Mal gar in der Nähe von Tugenden liegen können. Gewiß, Unduldsamkeit, Unverträglichkeit, kurz, Intoleranz begleitet die Arschkriecherei, aber gibt es nicht auch beim Zulässigen bzw. beim Tolerablen Momente des Verächtlichen und des Verabscheuungswürdigen? Toleranz ist nun mal ein Erbteil der Menschlichkeit.

Was ich hier vorgebracht habe, entsühnt nicht etwa das arschkriecherische Tun, sondern entsorgt es von angesammelter Schuld durch den Rückfall auf sich selbst, durch die Verstrickung in das Dilemma, zugleich ein Werte und Maßstäbe setzender Täter und Opfer zu sein. Zwar hat man gut sagen, die Menschen würden nicht lange in Gesellschaft leben, wenn sie nicht alle Bauern und Bauernfänger zugleich wären, doch wenn es um das Überleben geht, gewinnt Selbstrechtfertigung die Überhand, will sagen, wann und wo kriecherisches Verhalten für die Lebensführung nicht gegenüber anderen, sondern gegenüber sich selbst zu rechtfertigen ist oder nicht.

Es ist keine sonderliche Weisheit auszurufen: Der Mensch gilt in dieser Welt nur so viel, als wozu er sich selbst macht, es ist aber eine Kunst, Arschkriecher zu sein und es zu bedecken verstehen.

Abbildungsnachweis

Seite 23: George Bickham, Idol-Worship or The Way to
Preferment, 1740, British Museum 2447

Seite 33: Paul Klee, Zwei Männer, einander in höherer Stellung
vermutend, begegnen sich, 1903, 5; Radierung;
12 × 23 cm, © VG Bild-Kunst, Bonn 1996

Seite 45: Johann Michael Voltz, Der neue Universalmonarch
auf dem zum Wohl der Menschheit errichteten Throne,
1814, Radierung koloriert, Märkisches Museum Berlin

Seite 53: Kukryniksy (dahinter verbergen sich drei Künstler:
*Ku*prijanow, *Kry*low und *Nik*olai Sikolow), Der
Speichellecker, 1959/60, aus der Plakatfolge «Über
Lumpen»

Seite 73: Olaf Gulbransson, Vor den Kulissen, © VG Bild-Kunst,
Bonn 1996

Seite 89: Pieter Brueghel d. Ä., Der Mann mit dem Geldbeutel
und seine Schmeichler, 1568/69, Rijksmuseum
Amsterdam

Seite 101: Franz Kafka, Bittsteller und hoher Gönner.
Federzeichnung, Bildarchiv der Österreichischen
Nationalbibliothek

Seite 117: Alfred Kubin, Adoration, um 1900, © VG Bild-Kunst,
Bonn 1996

Seite 135: A. Paul Weber, An den Rockschößen des Genies, 1949,
© VG Bild-Kunst, Bonn 1996

Seite 159: A. Paul Weber, Gerettet, 14. 5. 1966, © VG Bild-Kunst,
Bonn 1996

Seite 177: Carl Spitzweg, Zollbeamter bei der Visitation, um 1860,
Nationalgalerie Berlin

Die Bildrecherche übernahm Margot Wössner. Ein Dank
gilt Gesina Kronenburg und Attila Erdig von der Kunst- und
Museumsbibliothek der Stadt Köln.